EDITION ESPRESSO: DAS PERFEKTE FOTO

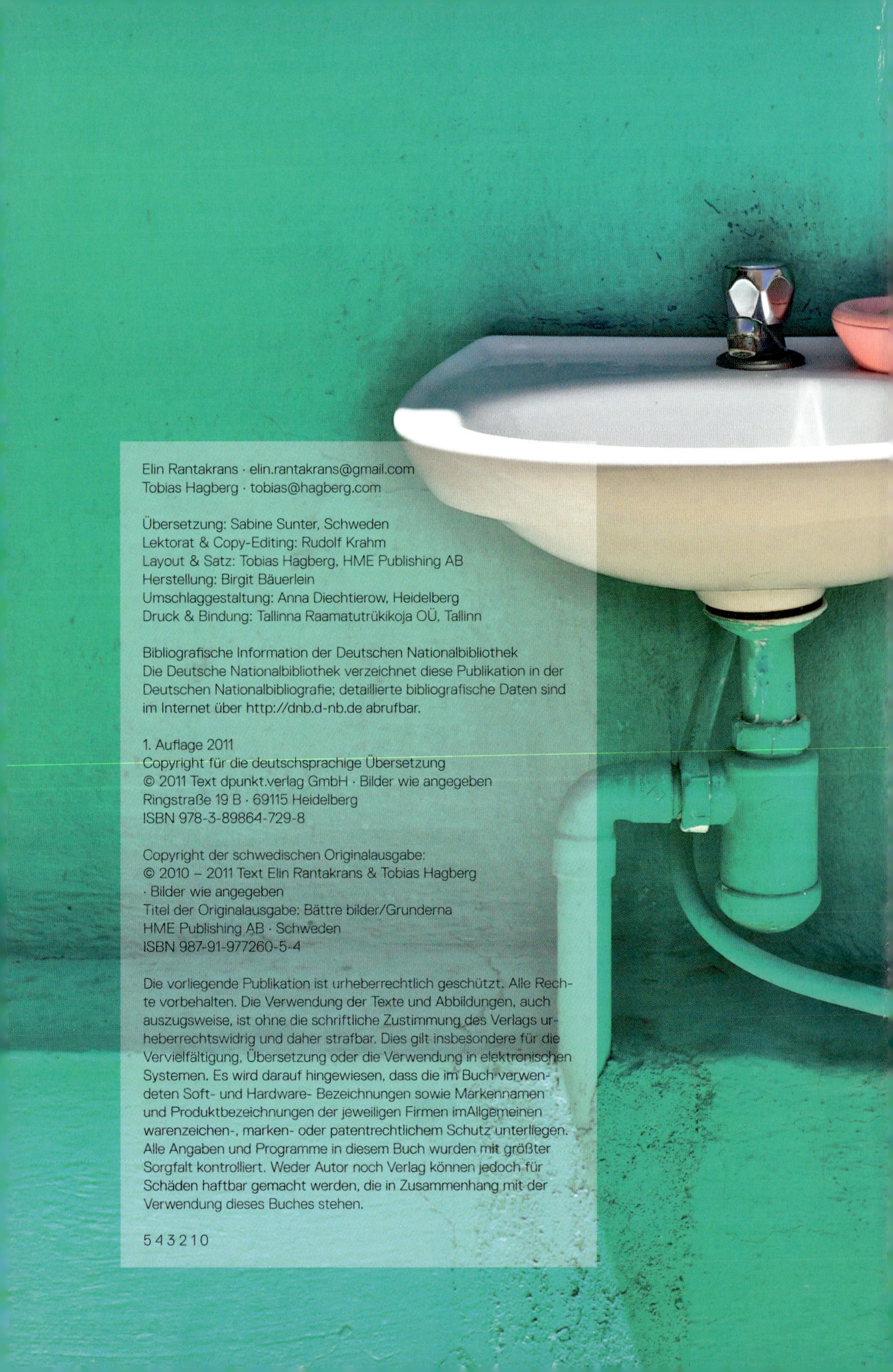

Elin Rantakrans · elin.rantakrans@gmail.com
Tobias Hagberg · tobias@hagberg.com

Übersetzung: Sabine Sunter, Schweden
Lektorat & Copy-Editing: Rudolf Krahm
Layout & Satz: Tobias Hagberg, HME Publishing AB
Herstellung: Birgit Bäuerlein
Umschlaggestaltung: Anna Diechtierow, Heidelberg
Druck & Bindung: Tallinna Raamatutrükikoja OÜ, Tallinn

Bibliografische Information der Deutschen Nationalbibliothek
Die Deutsche Nationalbibliothek verzeichnet diese Publikation in der Deutschen Nationalbibliografie; detaillierte bibliografische Daten sind im Internet über http://dnb.d-nb.de abrufbar.

1. Auflage 2011

Ringstraße 19 B · 69115 Heidelberg
ISBN 978-3-89864-729-8

Titel der Originalausgabe: Bättre bilder/Grunderna
HME Publishing AB · Schweden
ISBN 987-91-977260-5-4

5 4 3 2 1 0

edition espresso

Das perfekte Foto

71 Profitipps, mit denen Ihre Digitalfotos besser gelingen

Von Elin Rantakrans
& Tobias Hagberg

Aus dem Schwedischen
von Sabine Sunter

Mit Fotografien von
Knuth Bergholm
Szabolcs J Csörge
Lars Dareberg
Robert Eliasson
Camilla Eriksson
Tobias Hagberg
Hasse Holmberg
Martina Holmberg
Jesper Linse
Hans Nydahl
Elin Rantakrans
Sebastian Romert
Gerhard Rossbach
Marie Rytkölä
Per Stymne
Elin Torger

dpunkt.verlag

Inhalt

Vorwort

Was bietet Ihnen dieser praktische Ratgeber? Einfache Tipps, die so aufgebaut sind, dass Sie sie einzeln oder in Kombination miteinander ausprobieren können. Die Reihenfolge spielt dabei keine Rolle. Das Buch ist handlich und leicht, damit Sie es stets in Ihrer Kameratasche mitnehmen können, wenn Sie sich auf Fotoabenteuer begeben. Für zuhause finden Sie darüber hinaus wertvolle Unterstützung bei der Nachbearbeitung in der digitalen Dunkelkammer mit den wichtigsten Tipps für die beiden Programme Photoshop Elements und GIMP.

Lassen Sie sich nicht länger von der Technik Ihrer Kamera einschränken, nutzen Sie deren Möglichkeiten! Nicht Ihre Kamera macht die Bilder, sondern Sie. Die Fotoausrüstung ist Ihr Werkzeugkasten, aber die Ideen zu den Bildern entstehen in Ihrem Kopf. Können Sie sich den neuen Blitz mit professioneller 3D-Lichtmessung nicht leisten? Dann vergessen Sie ihn einfach! Lernen Sie stattdessen, wie man mit den jeweils vorhandenen Lichtbedingungen gute Fotos macht. Früher oder später können Sie sich vielleicht den raffinierten Blitz leisten – wenn Sie ihn dann überhaupt noch haben möchten. In der Zwischenzeit werden Sie nämlich auch so fantastische Bilder aufnehmen lernen.

Um aus allen Finessen von Kamera und Blitz Nutzen zu ziehen, sollten Sie deren Bedienungsanleitung lesen. Unsere Tipps basieren nicht auf einem speziellen Kameratyp, sondern gehen von Ihnen aus – Ihr Blick und Ihre Ideen machen die richtig guten Fotos!

Unabhängig von der Ausrüstung lautet der wichtigste Rat: Nehmen Sie Ihre Kamera mit! Der Hinweis mag Ihnen überflüssig erscheinen, wir haben jedoch die Erfahrung gemacht, dass hier bereits der Haken liegt. Erkennen Sie sich in folgenden Ausflüchten wieder? „Die Ausrüstung war so teuer, dass ich mich nicht traue, sie auf die Skireise mitzunehmen." „Das Objektiv ist so schwer." Oder: „Ach, ich gehe ja nur schnell mit dem Hund spazieren, was soll es da Besonderes zu sehen geben?" Und so bleibt die schöne, teure Kamera zuhause liegen und verstaubt.

Nehmen Sie uns beim Wort. Vielleicht machen Sie das Bild Ihres Lebens, wenn Ihrem Freund beim Snowboarden die 1080-Grad-Drehung in der Halfpipe gelingt, und Sie diesen Moment während Ihres Skiurlaubs festhalten. Oder Sie „schießen" einen seltenen Vogel mit Ihrem schweren, aber superscharfen Teleobjektiv. Vielleicht gewinnen Sie sogar den ersten Preis für das beste Herbstbild mit Ihrem Foto eines wunderschönen, von Frost überzogenen Herbstblatts, das Sie auf Ihrem scheinbar so langweiligen Spaziergang mit dem Hund entdeckt haben. Nutzen Sie den Augenblick und halten Sie ihn fest!

Elin Rantakrans & Tobias Hagberg

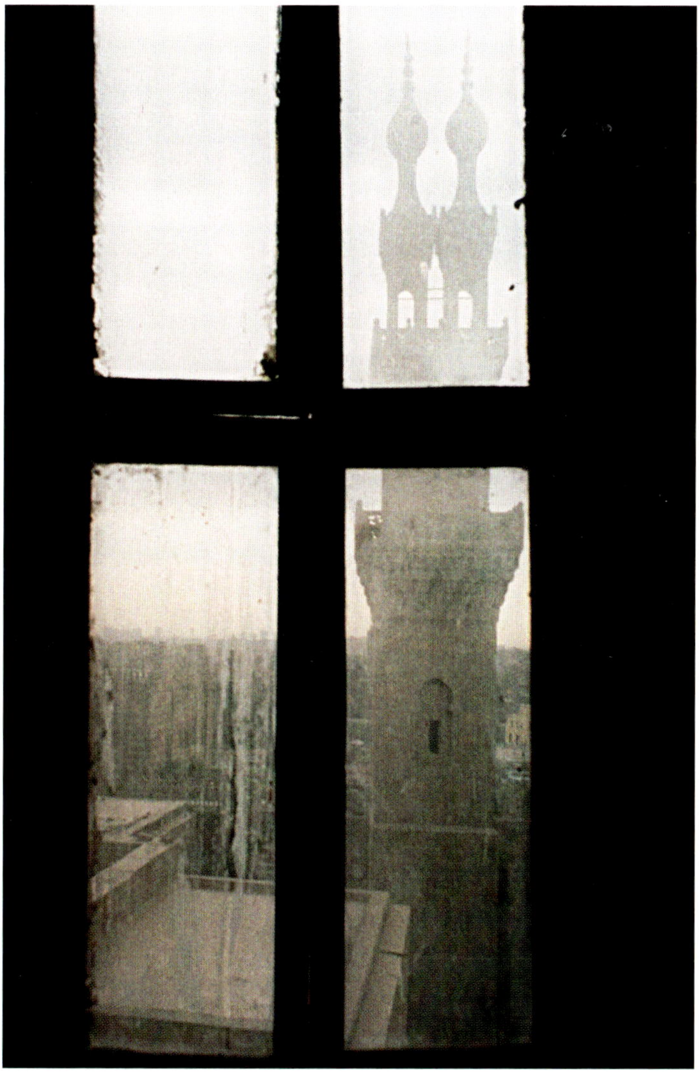

BILD ELIN RANTAKRANS

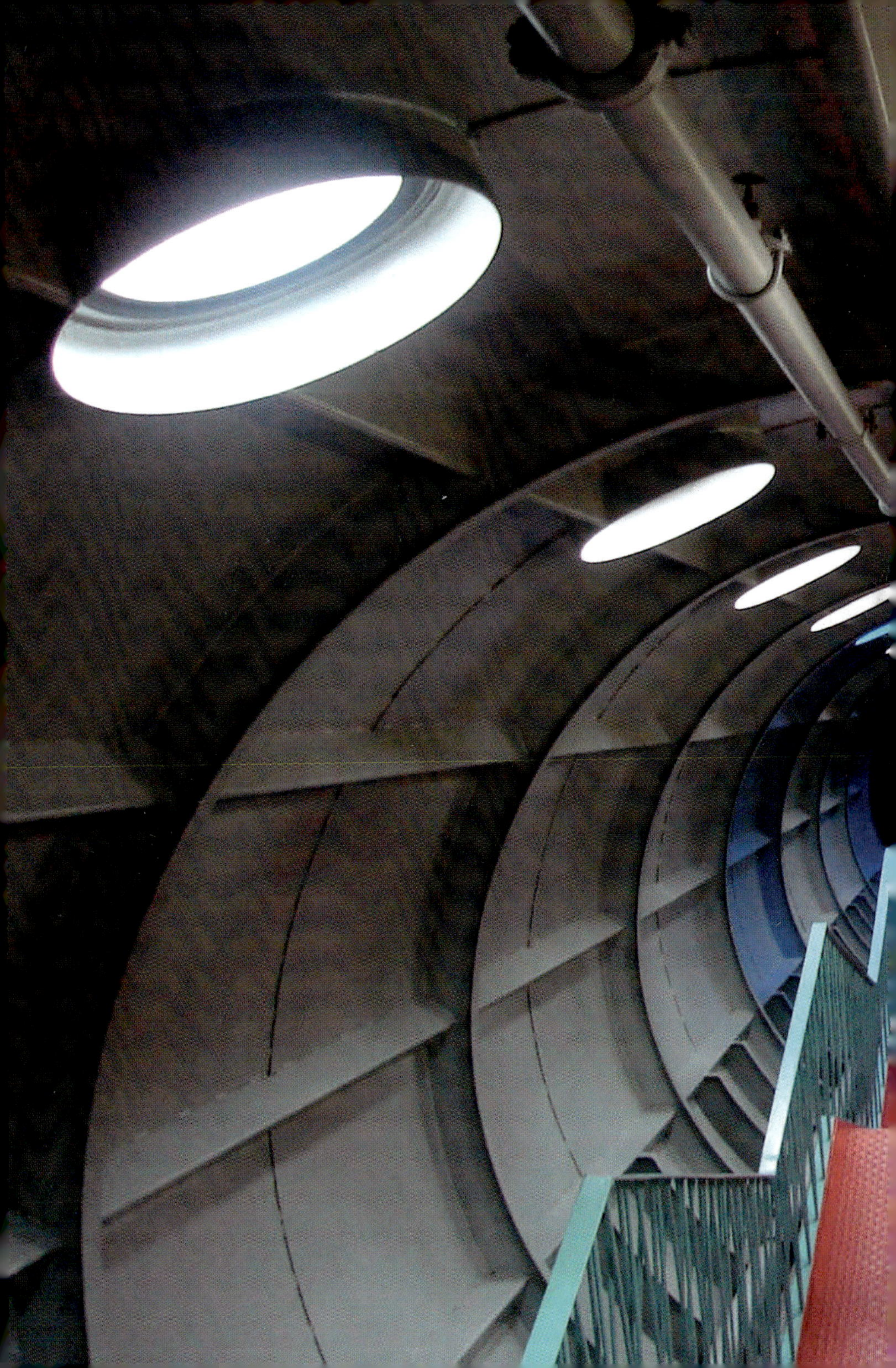

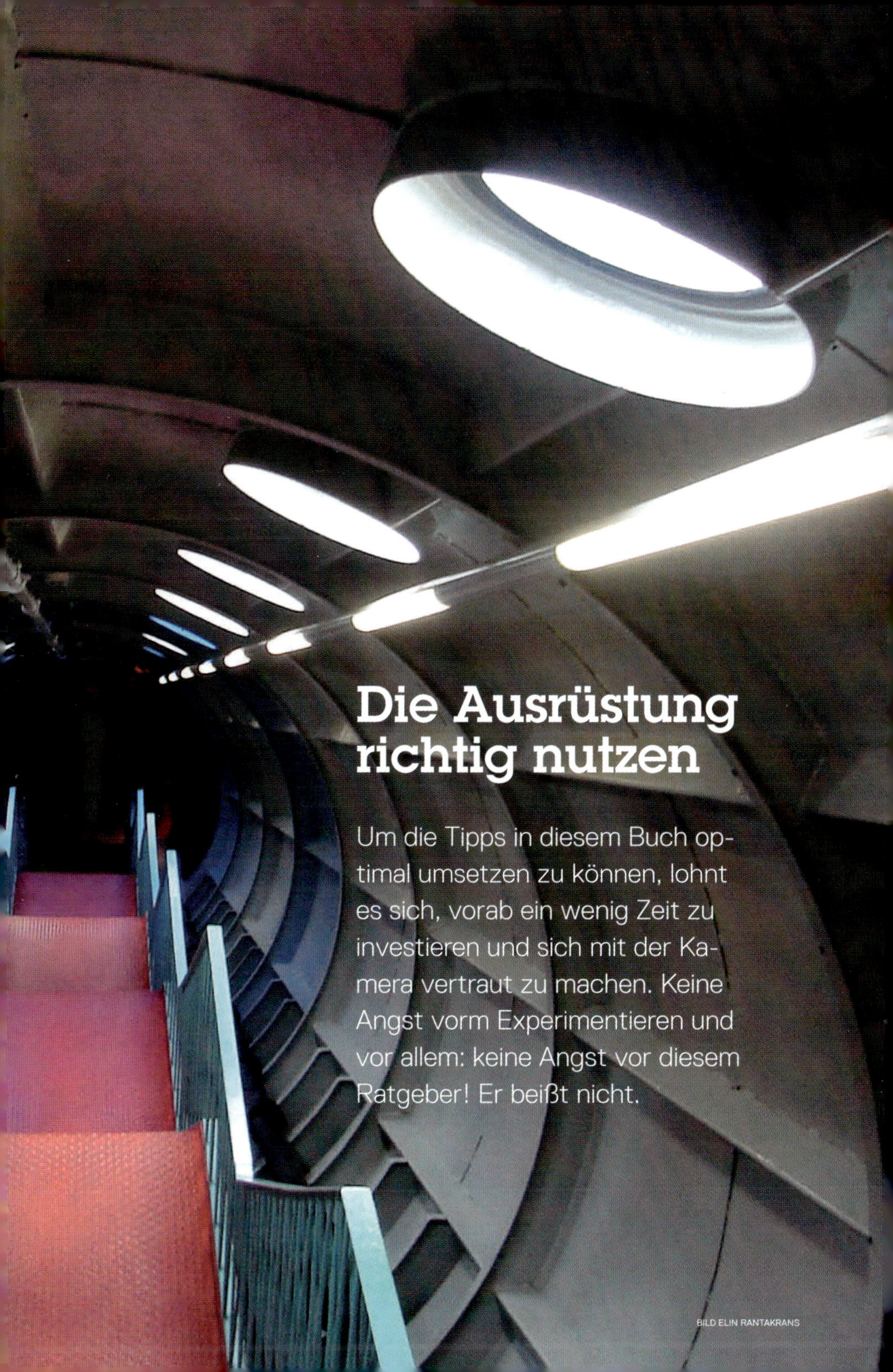

Die Ausrüstung richtig nutzen

Um die Tipps in diesem Buch optimal umsetzen zu können, lohnt es sich, vorab ein wenig Zeit zu investieren und sich mit der Kamera vertraut zu machen. Keine Angst vorm Experimentieren und vor allem: keine Angst vor diesem Ratgeber! Er beißt nicht.

BILD ELIN RANTAKRANS

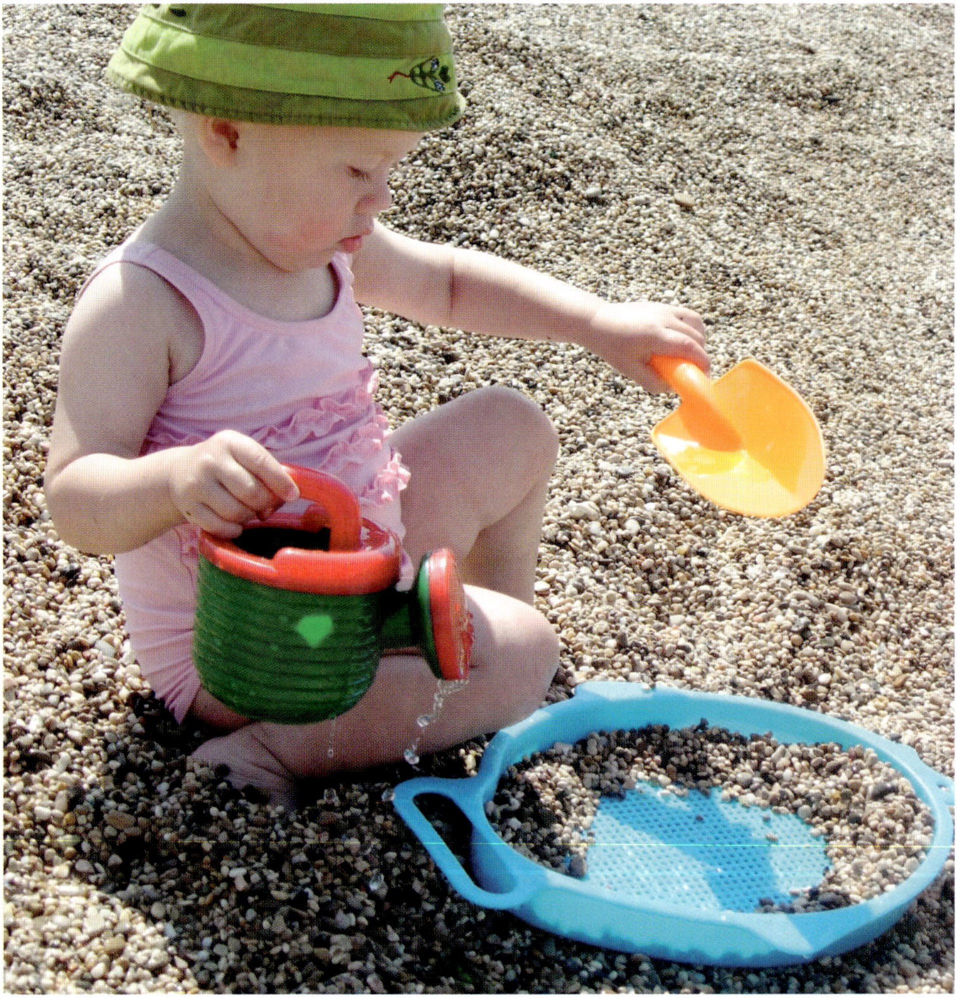

Für den Strandbesuch eignet sich eine einfache Kompaktkamera bestens. Hier ist es nicht so wichtig, über wie viele Funktionen oder Megapixel eine Kamera verfügt – setzen Sie lieber auf eine gute Optik.

1 Die „richtige" Ausrüstung

Es gibt viele Gründe, warum man die Kamera gerade nicht bei sich hat, wenn das perfekte Bild auftaucht. Einer könnte sein, dass die Ausrüstung einfach nicht an Ihren Bedarf angepasst ist. Überlegen Sie: Was fotografiere ich am liebsten? Brauche ich dazu ein schweres Teleobjektiv mit passendem Stativ oder reicht mir vielleicht eine handliche, kleine Kompaktkamera? Im Internet lassen sich die verschiedenen Möglichkeiten leicht vergleichen und auch Fotohändler geben gerne Auskunft. Das Wichtigste ist die Qualität der Optik – keine Automatik der Welt und keine zusätzlichen Megapixel können eine schlechte Optik kompensieren.

BILD TOBIAS HAGBERG

2 Einfacher Schutz für die Kamera

Lichtstarke, qualitativ hochwertige Objektive sind teuer, sie vor Schäden und unnötigem Verschleiß zu schützen, hingegen nicht. Ein UV- oder Schutzfilter, der einfach vor das Objektiv geschraubt wird, schützt es vor Kratzern und Stößen und kostet bedeutend weniger als ein neues Objektiv. Bei einer Systemkamera (mit oder ohne Spiegelreflexsystem) sollte man auch beim Wechseln des Objektivs vorsichtig sein. Vermeiden Sie Verschmutzungen durch Staub auf dem Bildsensor oder in der Kamera, da sonst unerwünschte Flecken auf den Bildern entstehen.

Früher oder später muss jedoch jede Ausrüstung gesäubert werden. Das Gehäuse sollte an den Hersteller geschickt werden, um den Bildsensor reinigen zu lassen, während das Objektiv leicht selbst gereinigt werden kann. Entsprechende Reinigungsmittel gibt es im Handel zu kaufen.

Und noch ein Tipp: Die besten Lichtverhältnisse tauchen oft bei unbeständigem Wetter auf. Statt die Kamera zuhause zu lassen, sollte man einen speziellen Regenschutz verwenden, um sie vor Feuchtigkeit zu schützen, oder sogar eine entsprechende Zusatzversicherung abschließen.

Eis und Schnee verzaubern selbst alltägliche Landschaften. Ekhagen, Stockholm.

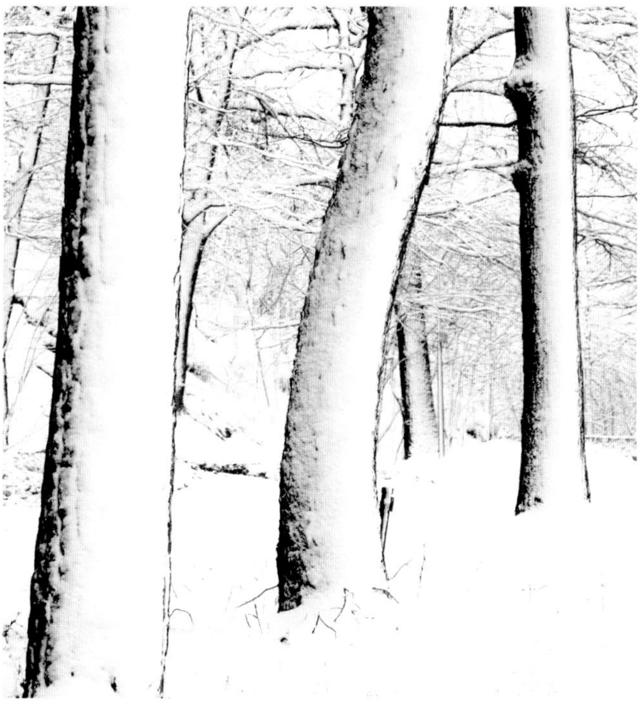

BILD TOBIAS HAGBERG

3 Batterien und Speicherkarte immer dabei

Digitalkameras sind Stromfresser. Man sollte deshalb darauf achten, immer Ersatzbatterien oder -akkus dabei zu haben. Wiederaufladbare Akkus sind zwar in der Anschaffung teuer, lohnen sich aber langfristig. Investieren Sie auch in ein Aufladegerät, falls dies nicht bereits zur Kameraausstattung gehört. Bei richtig kaltem Wetter verschlechtert sich die Leistung von Batterien und Akkus zusätzlich, die Ersatzbatterien hält man deshalb am besten in der Jackentasche warm.

Es gibt nichts Schlimmeres als mit voller Speicherkarte dazustehen, wenn z. B. das Baby seine ersten wackeligen Schritte tut. In so einem Moment hat man einfach keine Zeit, alte Bilder zu löschen, um Platz für neue zu schaffen. Schon früher sagte man: „Filme sind billig, Zeit ist teuer." Das gilt heute mehr denn je, da Fotografieren mit Digitalkameras noch billiger geworden ist. Sparen Sie also nicht an der Speicherkarte!

Schlechte Bilder sollte man dennoch immer gleich wieder löschen. Das spart nicht nur Speicherplatz, sondern auch zeitraubende Arbeit beim anschließenden Sortieren der Fotos.

Nicht immer ist ein Fotogeschäft in der Nähe, wo man im Bedarfsfall schnell eine neue Batterie oder eine zusätzliche Speicherkarte kaufen kann. Achten Sie also darauf, immer etwas in Reserve zu haben. Ein kleines Stück Schweden. Hof in Skellefteå, Nordschweden. BILD TOBIAS HAGBERG

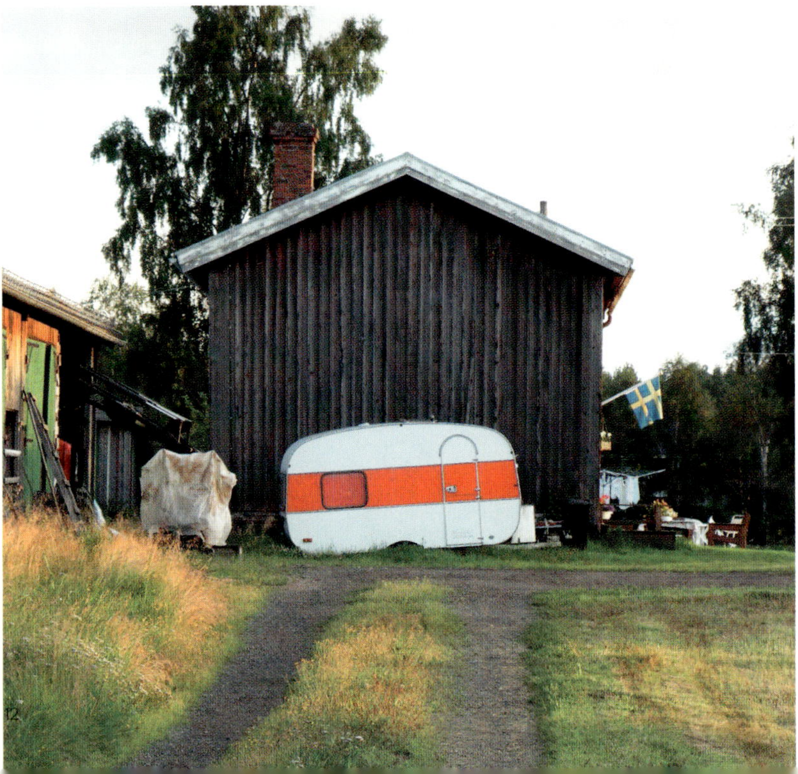

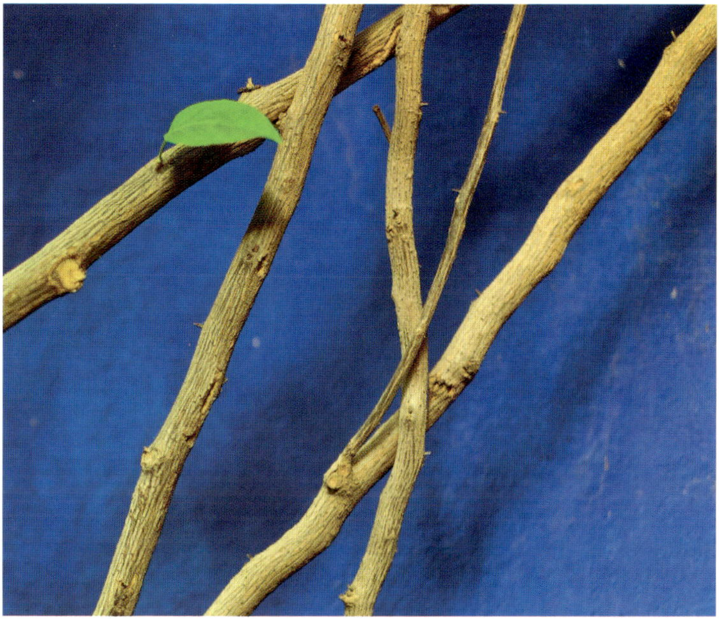

Bei einer Systemkamera können Sie zwischen mindestens zwei Formaten wählen: JPEG und RAW. JPEG ist praktisch und ein Allrounder, aber für maximale Qualität ist RAW das einzige Wahre.

4 Alternative Dateiformate

Digitale Fotos können in verschiedenen Formaten gespeichert werden. Üblicherweise speichern Digitalkameras automatisch im so genannten JPEG-Format, Kompaktkameras kennen sogar häufig nur dieses eine Format. JPEG hat den Vorteil, dass es die Bilder komprimiert und somit mehr Platz auf der Speicherkarte lässt. Dabei geht allerdings ein Teil der Bildinformation verloren, was schlimmer klingt, als es wirklich ist, denn meist ist der Qualitätsverlust der Bilder so gering, dass man ihn gar nicht bemerkt. Während eine Digitalkamera ein Foto auf der Speicherkarte speichert, führt sie nämlich gleichzeitig einige rasche Bildkorrekturen aus: Die Belichtung wird nachjustiert, eine Scharfzeichnung angewendet und die Farben korrigiert.

Will man gerne selbst über die Qualität seiner Bilder bestimmen, müssen diese in einem anderen Format abgespeichert werden, zum Beispiel im TIFF- oder RAW-Format (überprüfen Sie, ob Ihre Kamera diese Formate unterstützt). In diesen Formaten werden die Dateien zwar deutlich größer, enthalten aber im Gegenzug die komplette Originalinformation. Mit dem RAW-Format werden deutlich detailliertere Helligkeitsabstufungen zwischen den dunkelsten und hellsten Bildbereichen erhalten und dadurch gleichmäßigere Farbübergänge erzielt. Auf der anderen Seite muss der Fotograf Optimierungen bei der Bildnachbearbeitung selbst ausführen, die beim JPEG-Format automatisch von der Kamera vorgenommen werden.

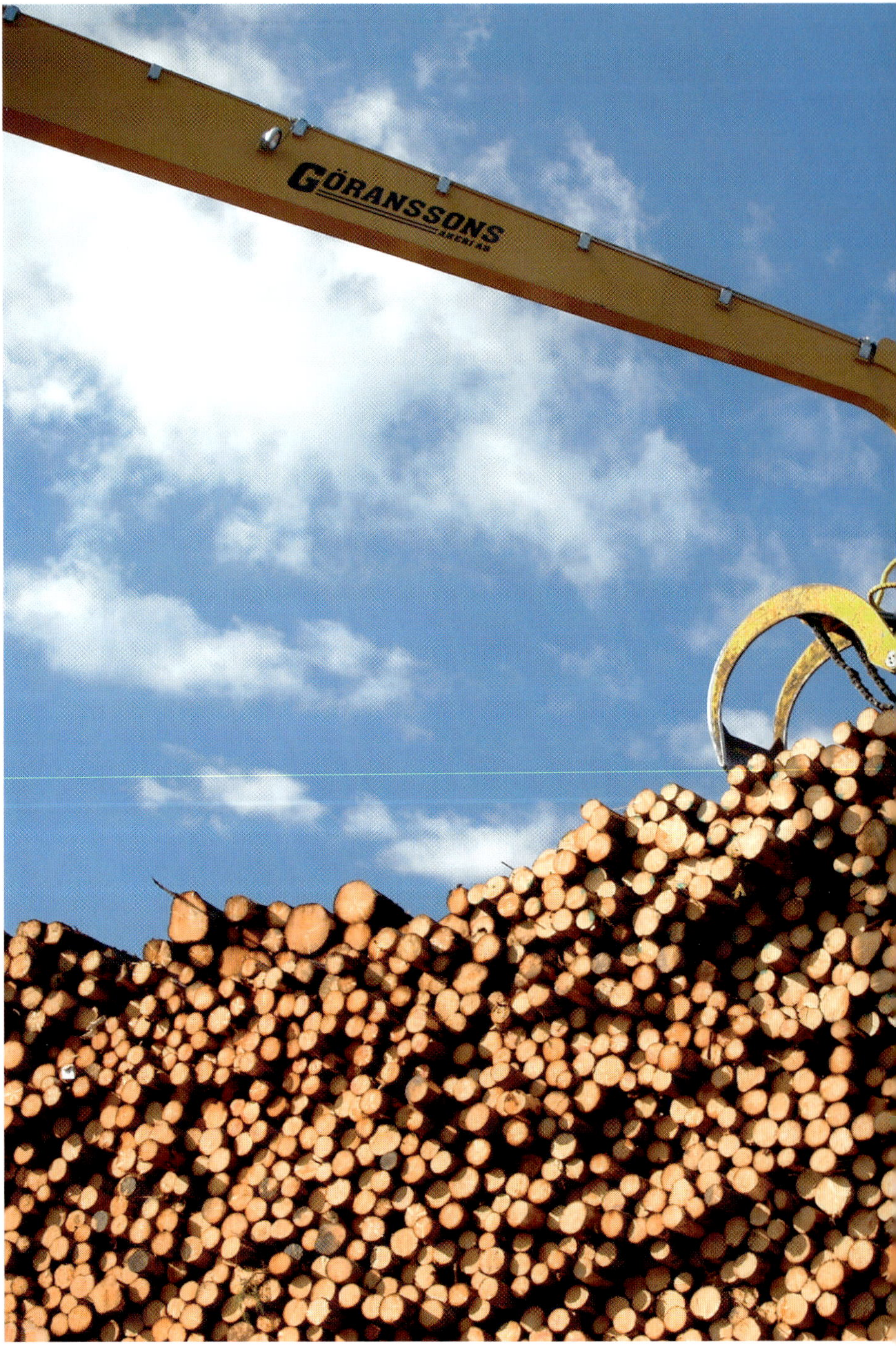
GÖRANSSONS

5 Das Objektiv für jede Gelegenheit

Für Familien- und Urlaubsbilder sowie für spontanes Fotografieren ist ein Normalobjektiv die richtige Wahl. Am besten lassen Sie es immer auf der Kamera montiert, solange Sie kein anderes Objektiv verwenden möchten. Das Normalobjektiv ist ein Universalobjektiv mit minimaler Verzeichnung (siehe Tipp 7 über Weitwinkel und Tipp 6 über Tele) und eignet sich für jede Art von Fotografie.

Ein Normalobjektiv hat eine feste Brennweite von 50 mm im Vollformat (siehe Tipp 22). Zoomobjektive mit einer Brennweite von 28 bis 85 mm gelten als Normalzoom. Normalobjektive sind meist von guter Qualität und richtig belastbar. Außerdem sind sie kompakt, platzsparend und lichtstark, was vorteilhaft ist, wenn man die ISO-Zahl nicht erhöhen will, um verstärktes Bildrauschen zu vermeiden.

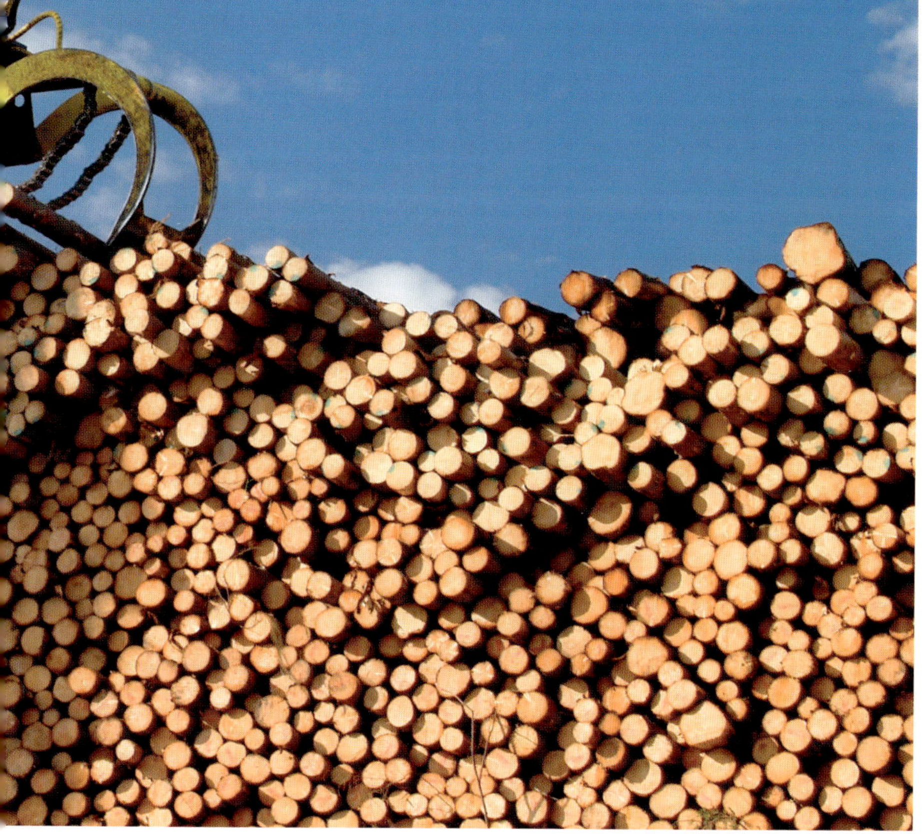

BILD MARIE RYTKÖLÄ

Ein ordentliches Tele ermöglicht es, den Hintergrund verschwimmen zu lassen und das Motiv hervorzuheben.

6 So heben Sie Details hervor

Mit einem Teleobjektiv holt man ein Motiv richtig nah an sich heran und kann Details auch dann hervorheben, wenn der Abstand zur Kamera groß ist. Gleichzeitig wird die Schärfentiefe verkürzt, was man sich zunutze machen kann, wenn ein unruhiger Hintergrund vom eigentlichen Motiv ablenken würde. Ein unscharfer Hintergrund isoliert das Motiv und hebt so das hervor, was auf dem Bild wirklich wichtig ist.

Bei Porträtaufnahmen ist ein kürzeres Teleobjektiv mit einer Brennweite von 85 bis 105 mm (bezogen auf das Vollformat) vorteilhaft (siehe Tipp 22). Die Telewirkung ist zu gering, um das Gesicht visuell zu verjüngen; es entstehen angenehme Proportionen. Würde man beispielsweise ein 200-mm-Teleobjektiv verwenden, sähe ein Gesicht weitaus schmaler und kürzer aus als in Wirklichkeit. Gleichzeitig ist ein kürzeres Tele jedoch stark genug, um den Hintergrund unscharf werden zu lassen.

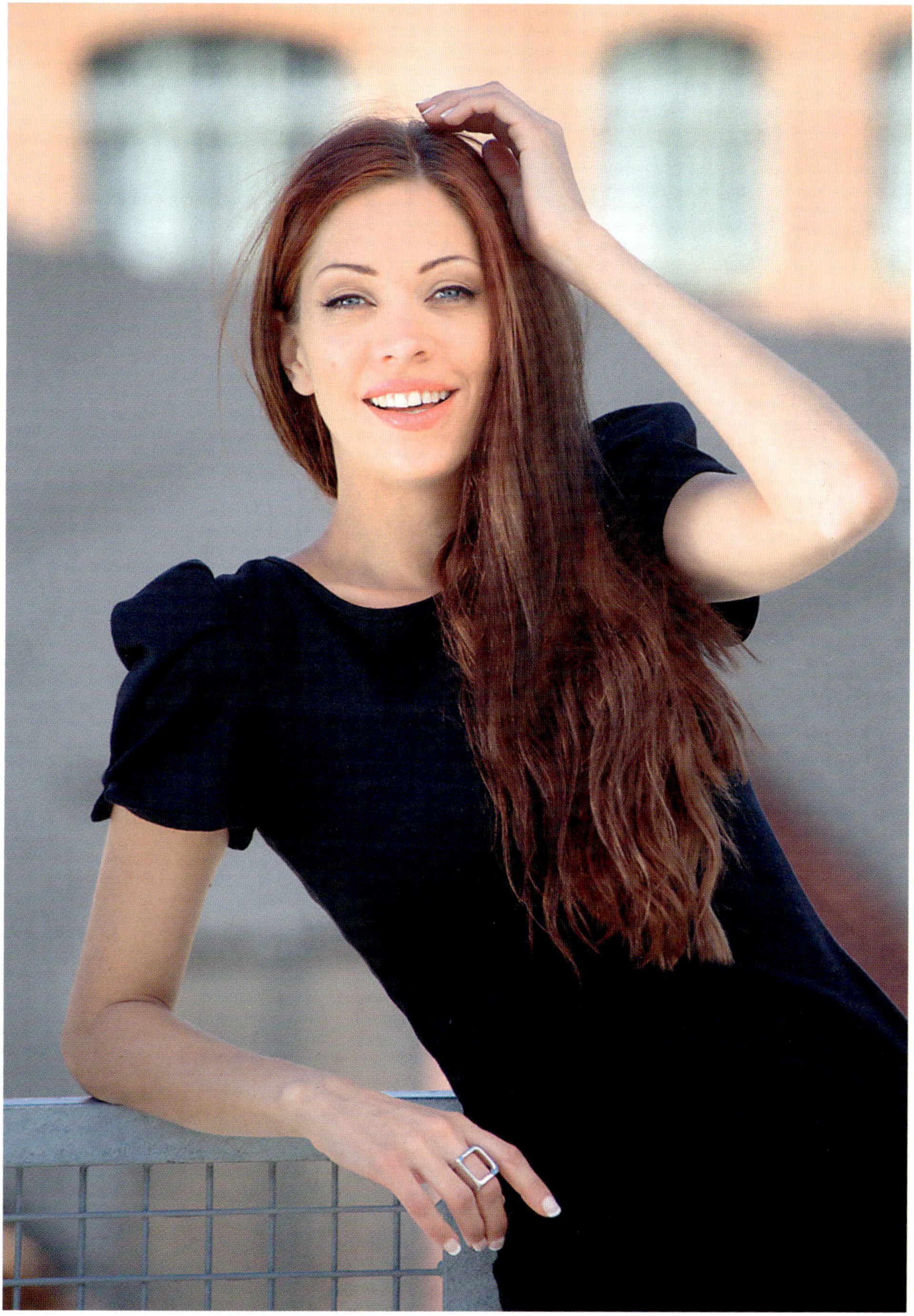

BILD KNUTH BERGHOLM

7 Zeigen Sie den ganzen Raum

Um einen Raum großzügiger erscheinen zu lassen oder die Weite einer Landschaft zu verdeutlichen, setzt man am besten ein Weitwinkelobjektiv ein. Alle Objektive mit einer Brennweite von weniger als 50 mm gelten als Weitwinkel, aber der Effekt wird erst bei einer Brennweite von weniger als 24 mm (bezogen auf das Vollformat) richtig deutlich (siehe Tipp 22). Mit einem Weitwinkelobjektiv erscheint der Raum im Foto größer als in Wirklichkeit, weil die Optik der Linse extremere Fluchtlinien erzeugt und die Entfernungen dadurch größer wirken lässt.

Diese Verzeichnungen können natürlich manchmal auch problematisch werden, zum Beispiel beim Fotografieren von Menschen. Hier besteht das Risiko, dass die Gesichter auf den Bildern anders aussehen als im wirklichen Leben. Die Nase kann schnell unnatürlich lang erscheinen, sofern der Fotograf nicht richtig nah an die betreffende Person herangeht. Bei sehr kurzem Abstand ist die Verzeichnung nämlich weniger auffällig, dafür sieht man mehr vom Raum, in dem sich die Person befindet. Das wiederum kann durchaus gewollt sein, weil die Umgebung auch etwas über die porträtierte Person aussagt.

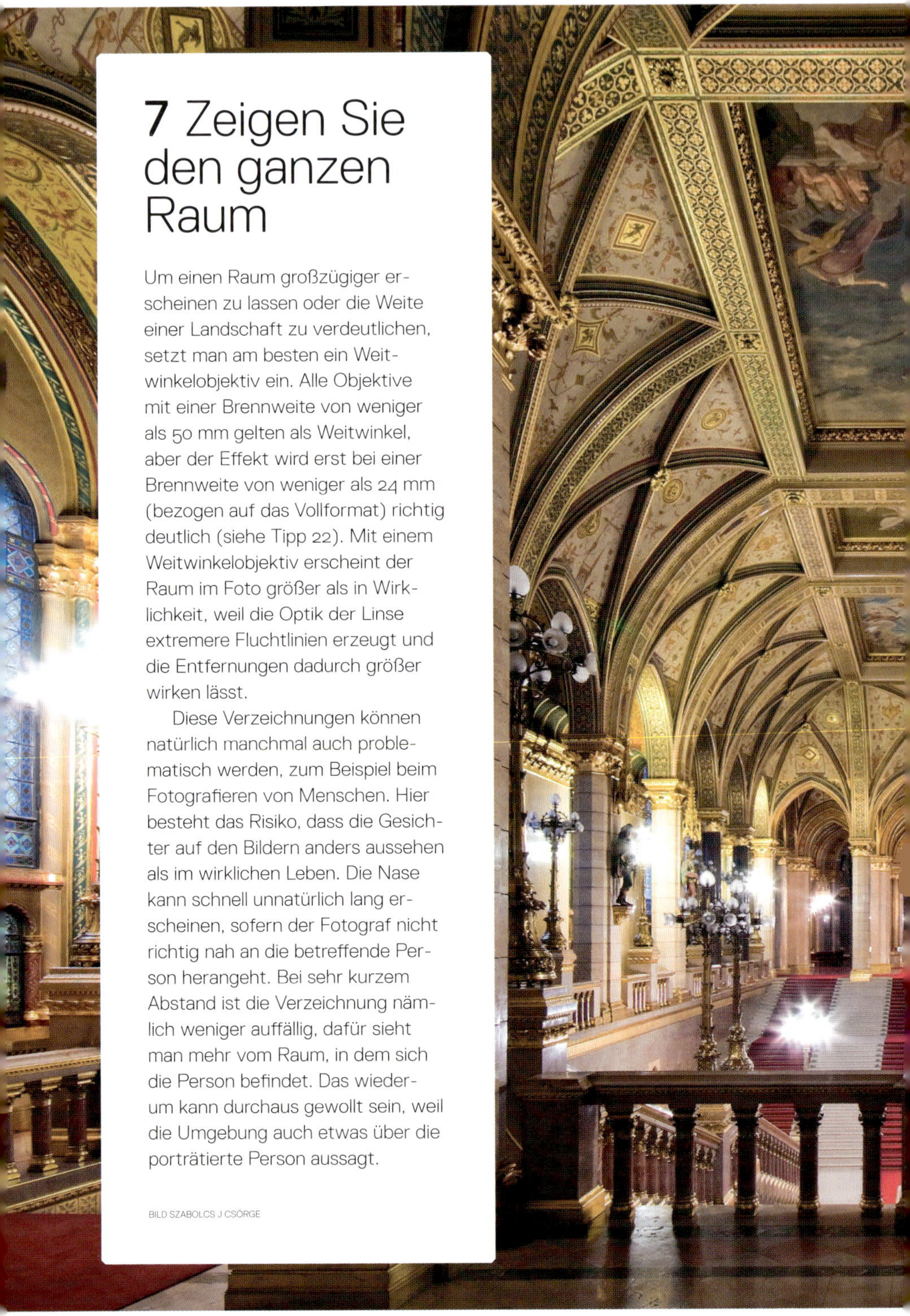

BILD SZABOLCS J CSÖRGE

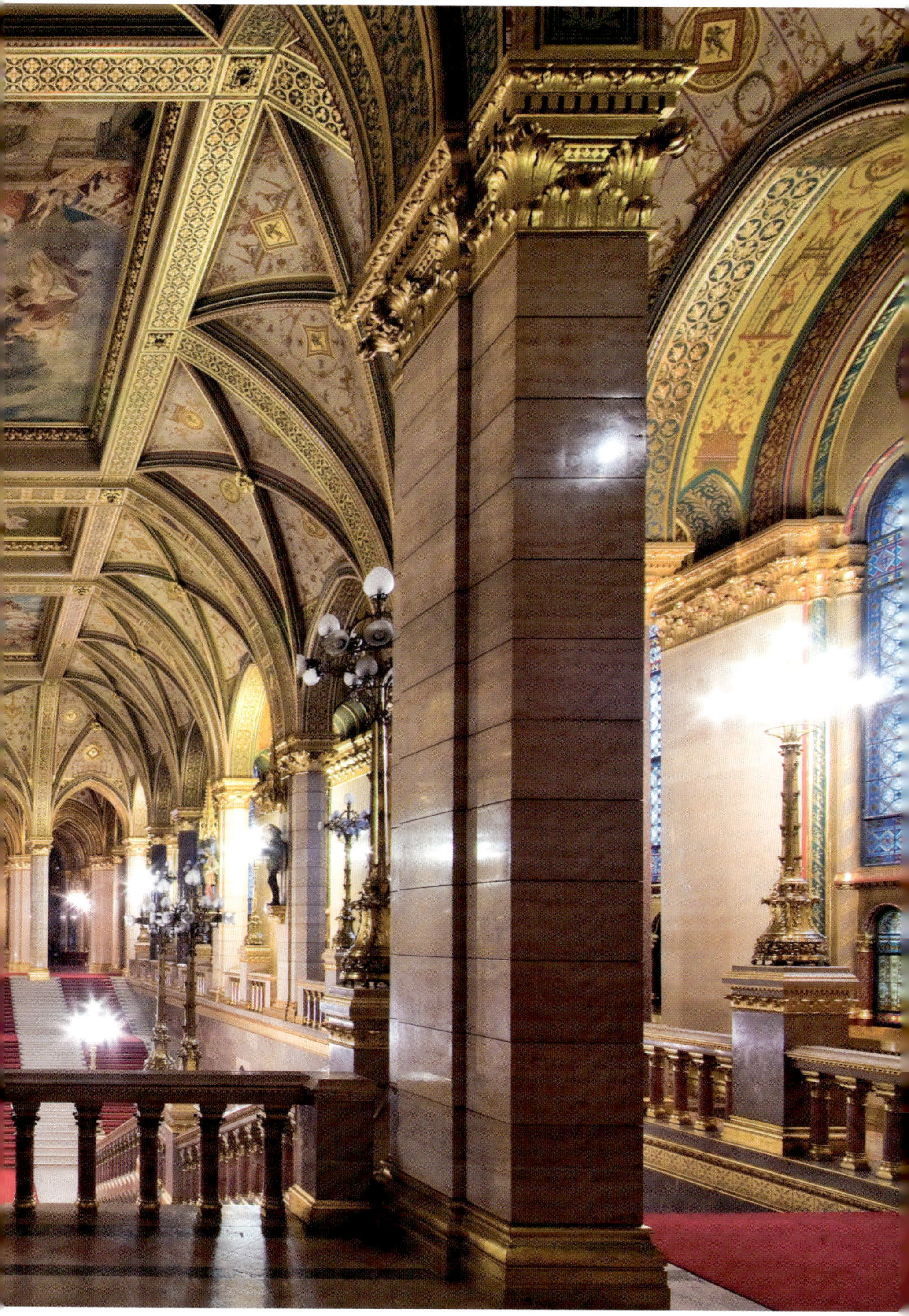

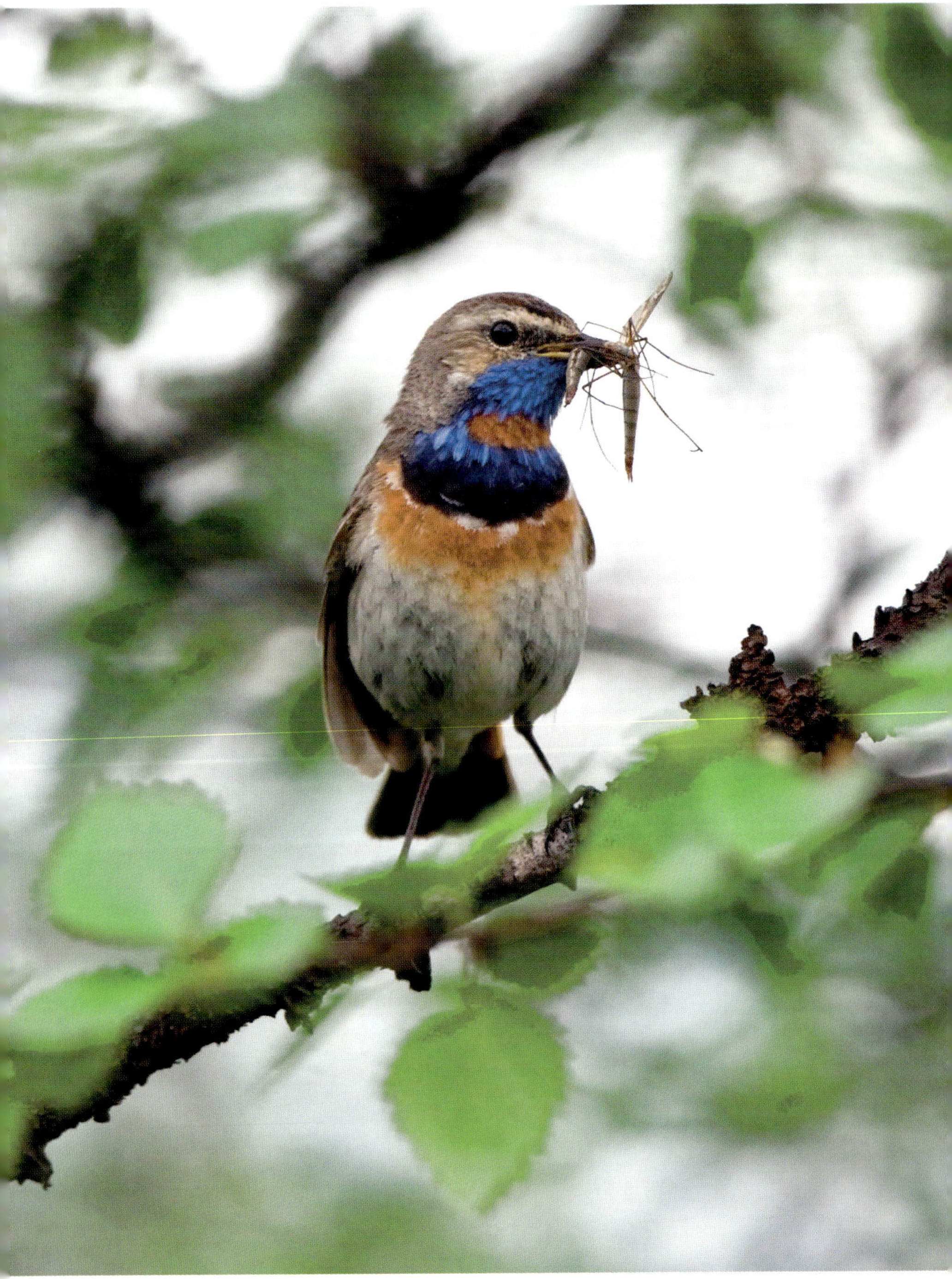

BILD HANS NYDAHL

Für Naturfotografen ist es eine Selbstverständlichkeit, ein Stativ zu verwenden. Lassen Sie Ihres also nicht zuhause liegen.

8 Unscharfe Bilder vermeiden

Hier ein paar Geheimrezepte, wie sich verwackelte Bilder auf jeder Fototour vermeiden lassen:

Verwenden Sie die richtige Belichtungszeit. Eine einfache Faustregel lautet: Beim Fotografieren aus freier Hand ist die längst mögliche Belichtungszeit für Bilder ohne Verwackeln abhängig von der Brennweite des verwendeten Objektivs. Bei einem 50-mm-Objektiv ist also die maximale Belichtungszeit ungefähr 1/50 Sekunde, bei einem 100-mm-Objektiv 1/100 Sekunde und so weiter. (Diese Faustregel gilt für Brennweiten, die auf das Kleinbildformat umgerechnet wurden.)

Nehmen Sie ein Stativ mit. Das klingt logisch, aber meist liegt das Stativ ungenutzt zuhause herum – es ist ja so schwer! Sein Gewicht ist aber genau das, was manchmal benötigt wird. Nur ein schweres und stabiles Stativ sorgt für garantiert messerscharfe Bilder.

Verwenden Sie den Fern- oder Selbstauslöser Ihrer Kamera zusammen mit einem Stativ. Auf diese Weise wird vermieden, dass die Kamera beim Auslösen wackelt.

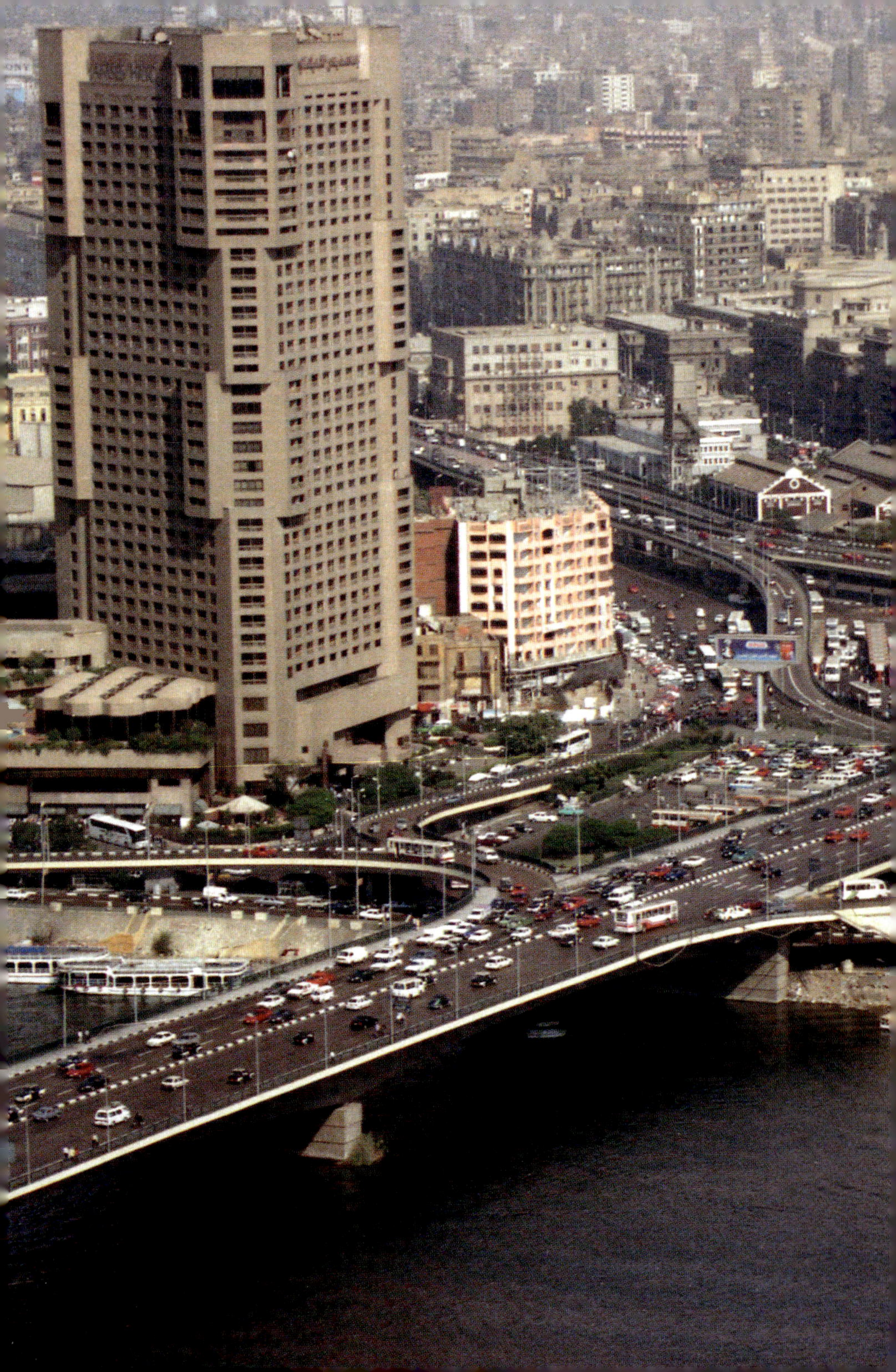

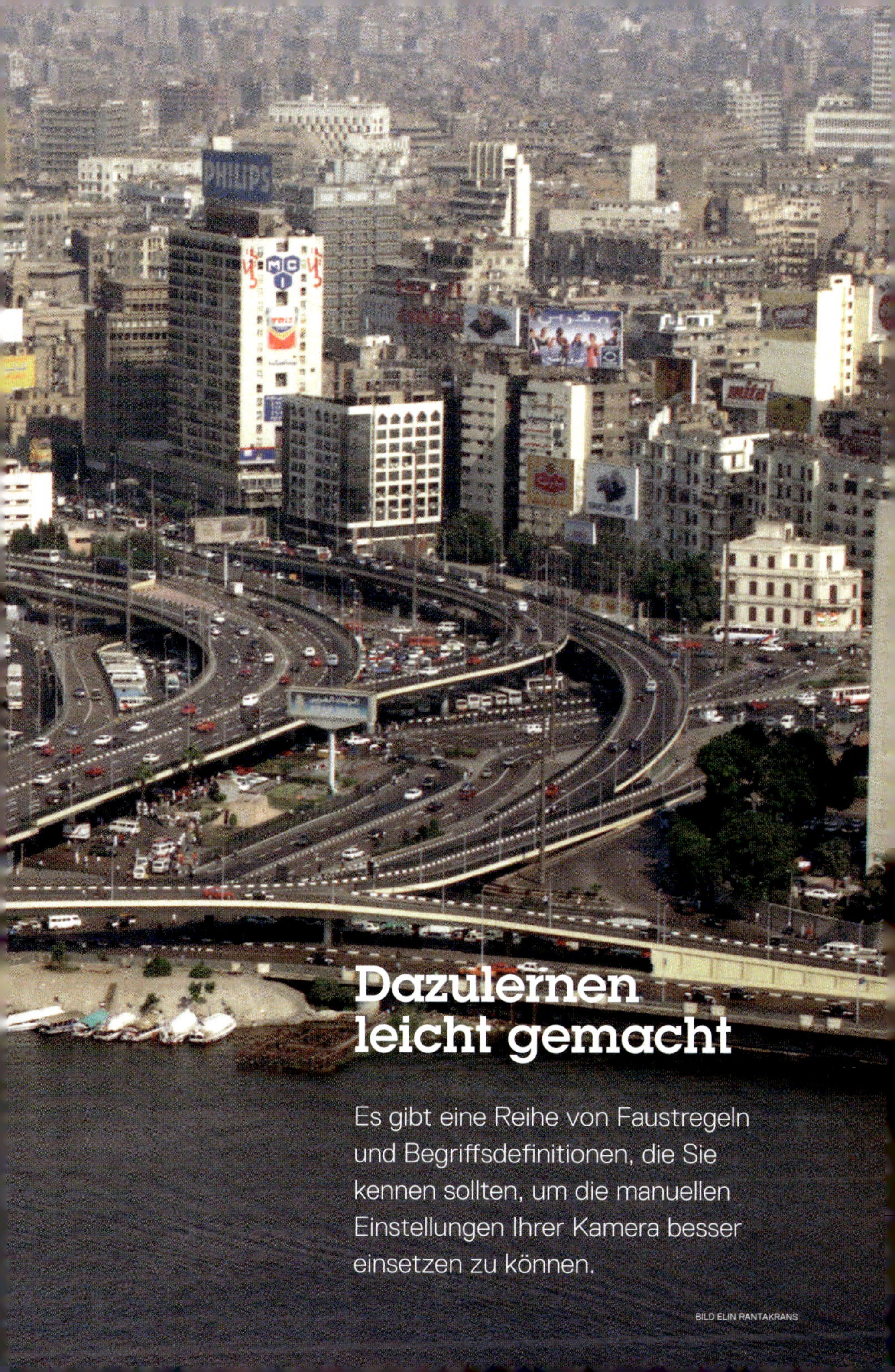

Dazulernen leicht gemacht

Es gibt eine Reihe von Faustregeln und Begriffsdefinitionen, die Sie kennen sollten, um die manuellen Einstellungen Ihrer Kamera besser einsetzen zu können.

BILD ELIN RANTAKRANS

9 Die richtige Belichtungszeit

Fotos mit brillanten, naturgetreuen Farben sind ein Beweis dafür, dass der Fotograf korrekt belichtet hat. Hier ist schwarz wirklich schwarz, und weiß wirklich weiß. Sind hingegen die hellen Partien völlig weiß und ausgebrannt, ist das Foto überbelichtet. Umgekehrt spricht man von Unterbelichtung, wenn die dunkleren Bildpartien keinerlei Durchzeichnung mehr aufweisen und zugelaufen sind.

Damit ein Bild technisch gesehen gelungen ist, muss es also korrekt belichtet sein. Dabei spielen drei Faktoren zusammen.

Maßstab für die Lichtempfindlichkeit ist die so genannte ISO-Zahl, die beim digitalen Fotografieren an der Kamera eingestellt wird (siehe Tipp 12 und Tipp 11). Versuchen Sie stets, die ISO-Zahl so klein wie möglich zu halten, um das so genannte Bildrauschen zu minimieren.

Die Größe der Blende entscheidet darüber, wie viel Licht in einer bestimmten Zeit bis zum Sensor der Kamera durchgelassen wird. Eine kleine Blendenzahl (z. B. Blende 2,8) steht für eine große Öffnung und damit für einen großen Lichteinfall auf den Sensor. Eine große Blendenzahl (z. B. Blende 22) bedeutet folglich, dass die Öffnung kleiner ist und somit weniger Licht in die Kamera eindringt.

Der dritte Faktor ist die Belichtungszeit, sprich die Zeit, die die gewählte Blende zur Belichtung geöffnet wird. Bei einer längeren Belichtungszeit, z. B. 1/30 Sekunde, gelangt mehr Licht zum Sensor als bei einer kürzeren Belichtungszeit.

Werden Belichtungszeit und Blende umgekehrt proportional verändert, wie bei der Verwendung der Programmautomatik, dringt immer die gleiche Menge Licht zum Sensor vor. Dennoch entstehen unterschiedliche Bilder, weil verschiedene Kombinationen von Blende und Belichtungszeit zu unterschiedlichen Effekten führen (siehe auch Tipp 14 bis Tipp 16).

Bei einem korrekt belichteten Foto springen einem die Farben förmlich entgegen. BILD MARIE RYTKÖLÄ

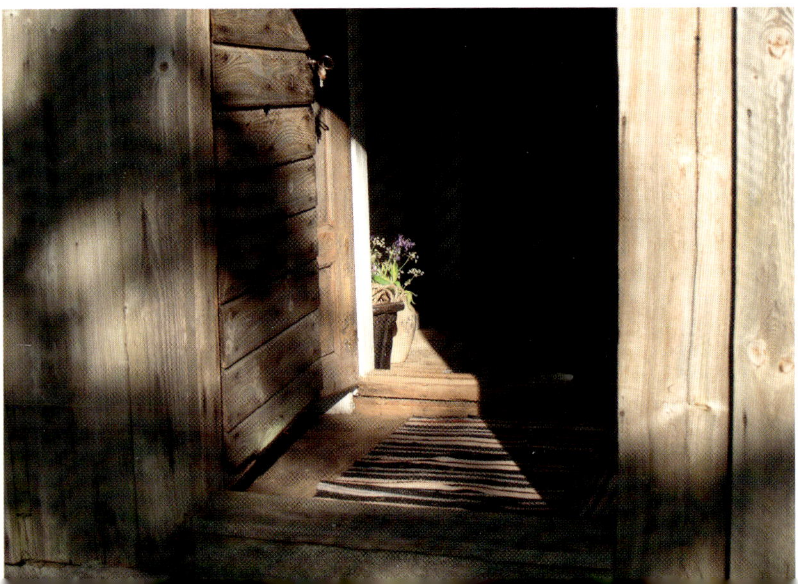

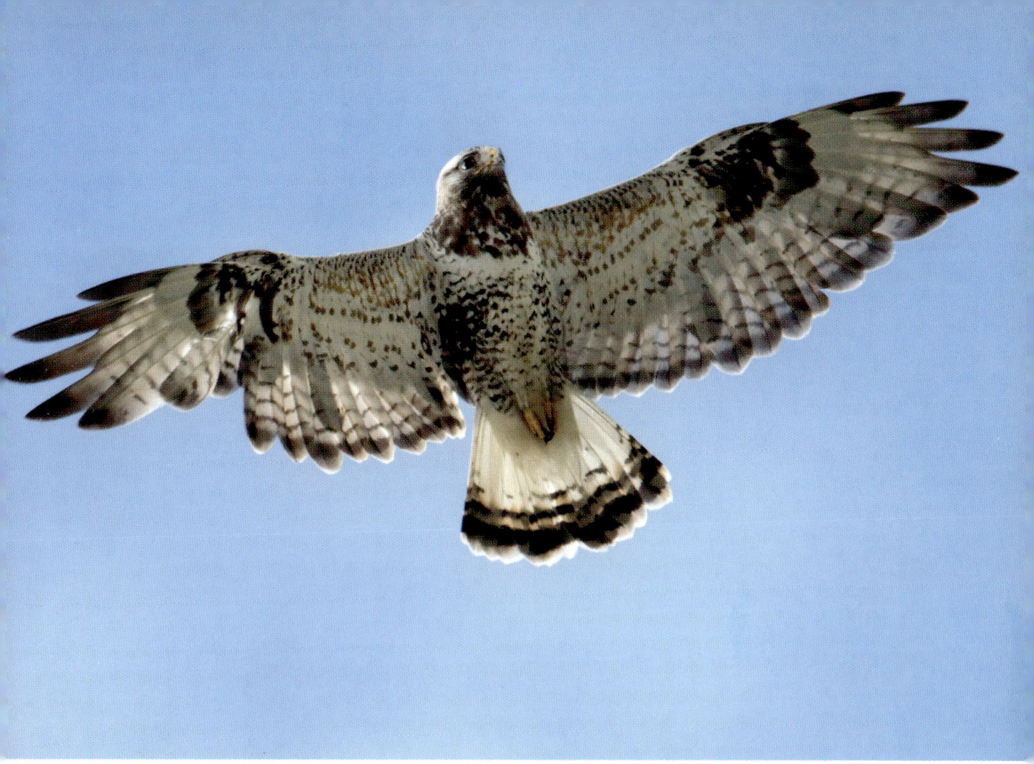

Wählen Sie eine kurze Belichtungszeit, damit der Vogel scharf wird. Ein Bussard auf der Suche nach Beute. Padjelanta, Norrbotten, Schweden.

10 Kontrolle trotz Automatik

Die heutigen Kameras sind in der Regel so gut, dass sie praktisch jedes Foto korrekt belichten. Dennoch kann eine Kamera niemals wissen, welches Bild Sie machen wollen. Soll die Landschaft sowohl im Vorder- als auch im Hintergrund scharf eingefangen werden oder nicht? Wollen Sie mit Ihrem Foto vom Elfmeter vor allem den Fußball scharf im Bild haben oder die gesamte Szenerie? Bei einer digitalen Systemkamera und fortgeschrittenen Kompaktkameras gibt es die Möglichkeit, entweder die Blende oder die Belichtungszeit vorab einzustellen.

Vorwahl der Blende: Wählen Sie zwischen einer geschlossenen, mittleren oder offenen Blende und lassen Sie die Kamera die dazu passende Belichtungszeit berechnen. Auf diese Weise haben Sie die volle Kontrolle über die Schärfentiefe Ihres Bildes. Wie das? Eine kleine Blende führt zu hoher Schärfentiefe (das Bild ist sowohl im Vordergrund als auch im Hintergrund scharf), eine offene Blende ergibt eine geringe Schärfentiefe. So können Sie aktiv bestimmen, wie Ihr Foto aussehen soll.

Vorwahl der Belichtungszeit: Wenn Sie die Belichtungszeit wählen, also die Dauer der Belichtung, berechnet die Kamera die dazu passende Blendeneinstellung. Um z. B. eine Bewegung einzufrieren (siehe Tipp 17), benötigen Sie eine wirklich kurze Belichtungszeit; verschwommene Bewegungsbilder entstehen hingegen durch eine lange Belichtungszeit (siehe Tipp 18 und Tipp 56).

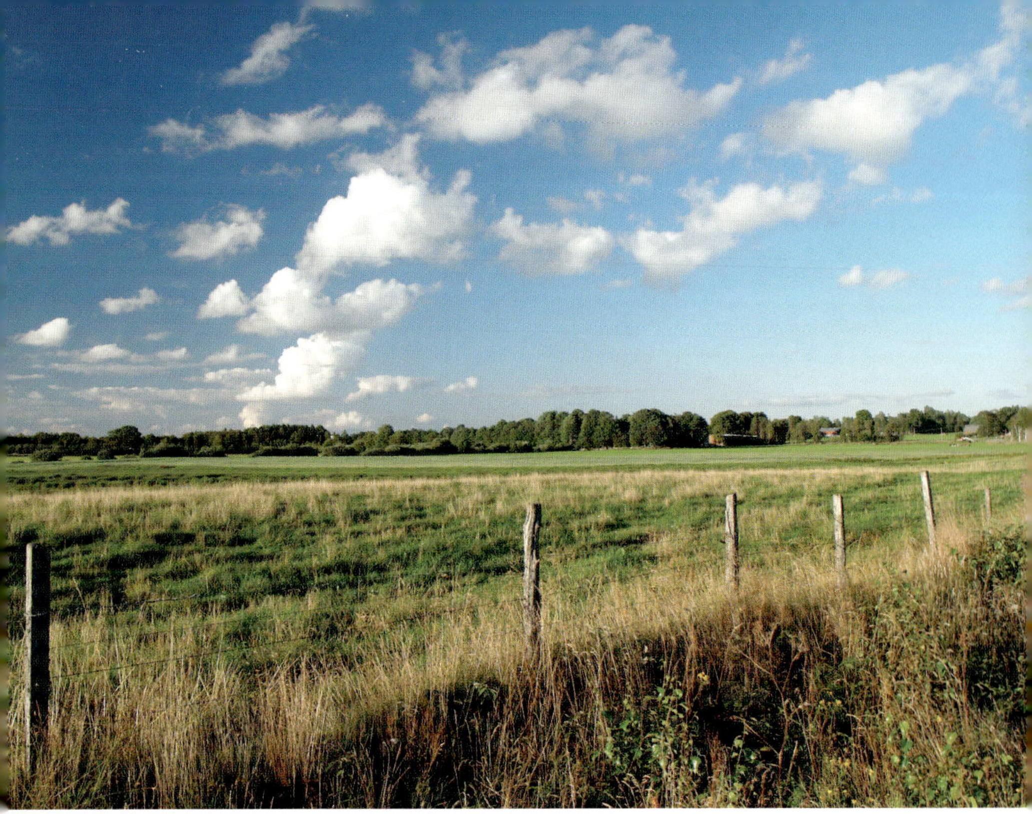

Wählen Sie die kleinstmögliche ISO-Zahl, um das Bildrauschen zu minimieren.

11 Die richtige ISO-Zahl bei starkem Licht

Bei normalen Lichtverhältnissen muss man nicht vorrangig über die ISO-Zahl nachdenken, ISO 100 passt für Alltagsbilder immer gut. Es entsteht nur minimales Bildrauschen und die Lichtempfindlichkeit ist akzeptabel. Beim Fotografieren am Strand oder in den Bergen reflektieren Sand, Wasser oder Schnee die Sonne allerdings so stark, dass man die ISO-Zahl bedenkenlos unter 100 senken kann.

Ein weiterer Grund dafür, die ISO-Zahl unter den Wert von 100 senken zu wollen, ist die Tatsache, dass die Kamera sonst keine längere Belichtungszeit zulässt, um zum Beispiel Bewegungen sichtbar zu machen. Sie wählt automatisch eine kurze Belichtungszeit, die die Bewegung einfriert. Gleiches gilt für die Wahl der Blende. Sie möchten vielleicht eine große Blende verwenden, um die Schärfentiefe zu begrenzen, aber Ihre Kamera wählt automatisch eine kleine Blende, damit das Bild nicht überbelichtet wird und ausbrennt (siehe Tipp 30).

Selbst beim Fotografieren mit Blitz ist eine niedrigere ISO-Zahl als ISO 100 sinnvoll, um das Bildrauschen zu minimieren, obwohl man die Menge an Licht eigentlich kontrollieren kann (siehe Tipp 12 über hohe ISO-Zahlen).

BILD MARIE RYTKÖLÄ

12 Höhere ISO-Zahl bei schwachem Licht

Beim Fotografieren im Dunkeln oder bei schwacher Beleuchtung im Haus reicht es nicht immer aus, die größte Blende und die längstmögliche Belichtungszeit zu wählen, und ein Stativ oder Blitz ist vielleicht nicht immer zur Hand. Um dennoch ein Foto machen zu können, kann man in solchen Situationen die ISO-Zahl erhöhen und damit die Lichtempfindlichkeit verändern (siehe Tipp 13). Bei einer höheren ISO-Zahl kann der Sensor das Motiv auch bei schwachem Licht einfangen, allerdings erhöht sich dabei auch das Bildrauschen. Der störende Nebeneffekt, der bei digitalen Bildern übrigens stärker ist als die zunehmende Körnigkeit bei analogen Fotos, ist zwar ärgerlich, manchmal aber besser als ganz auf ein Foto zu verzichten.

Mit höherer ISO-Zahl kann man also auch bei schwachem Licht fotografieren, ohne dass die Fotos unterbelichtet werden. Versuchen Sie es mit einer Einstellung von ISO 400 oder ISO 800, darüber hinaus wird das Bildrauschen zu deutlich (die Ergebnisse variieren allerdings zwischen den verschiedenen Kameramodellen). Bei einer guten Bildkomposition oder einem besonders interessanten Motiv kann es sich aber auch einmal lohnen, bis zu ISO 3200 zu gehen, ohne dass das Foto seine Wirkung verliert.

Retten Sie ein Foto bei schwachem Licht durch die Erhöhung der ISO-Zahl.

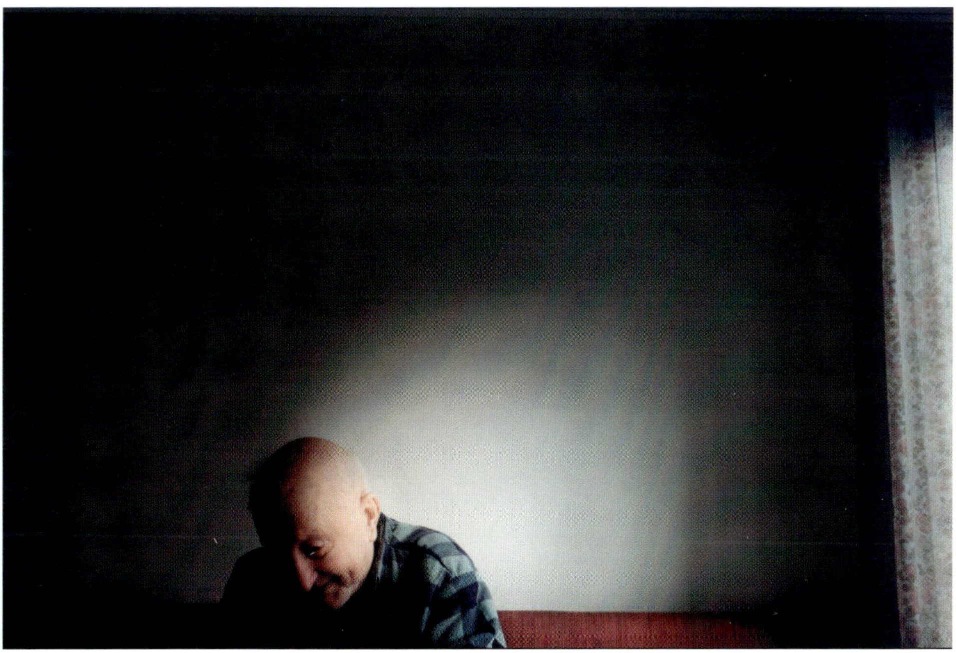

BILD MARTINA HOLMBERG

Um das Bildrauschen kontrollieren zu können, sollten Sie die ISO-Zahl von Hand einstellen.

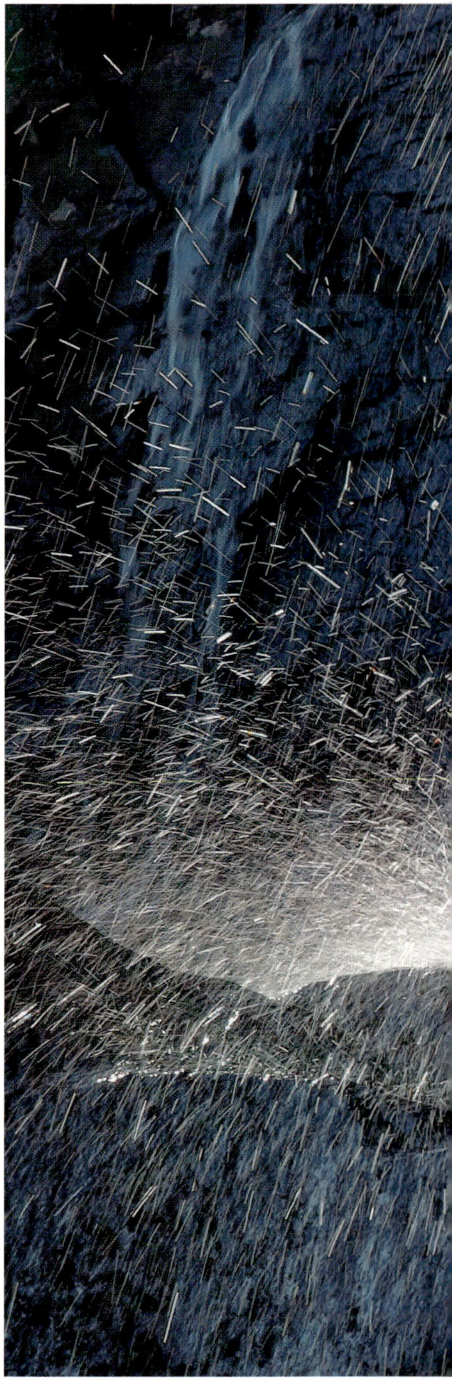

13 Kontrolle über das Bildrauschen

Bei schlechten Lichtverhältnissen und ohne verfügbares Stativ kann man eine Aufnahme dadurch retten, dass man die ISO-Zahl an der Kamera erhöht. Bei einer Digitalkamera steuert die ISO-Zahl die Lichtempfindlichkeit des Bildsensors. Ist eine geringe ISO-Zahl eingestellt, zum Beispiel ISO 100, benötigt die Kamera viel Licht, um ein Foto korrekt zu belichten, bei ISO 800 reicht weniger Licht aus. Allerdings entsteht bei einer höheren ISO-Einstellung mehr so genanntes Bildrauschen, kleine farbige Pixel, die als sichtbare Körnung vor allem an den dunklen Stellen eines Bildes auftreten. Da das Bildrauschen umso deutlicher wird, je höher die ISO-Zahl an der Kamera eingestellt wird, sollte stets die geringstmögliche Zahl gewählt werden.

Die meisten Kameras sind bereits so voreingestellt, dass sie automatisch die richtige ISO-Einstellung wählen, mit der sich korrekt belichtete Bilder machen lassen. Man kann aber selbstverständlich auch selbst die Kontrolle über die Lichtempfindlichkeit übernehmen. (Schauen Sie im Bedienungshandbuch Ihrer Kamera nach, wie Sie die entsprechende Einstellung vornehmen können.) Ob eine höhere ISO-Einstellung notwendig ist, merken Sie daran, dass trotz maximal geöffneter Blende keine hinreichend kurze Belichtungszeit mehr wählbar ist, um Bewegungen einzufrieren und Verwackeln zu vermeiden. Sollte Ihre Kamera eine automatische Funktion zur Bildrauschreduzierung besitzen, setzen Sie diese unbedingt ein.

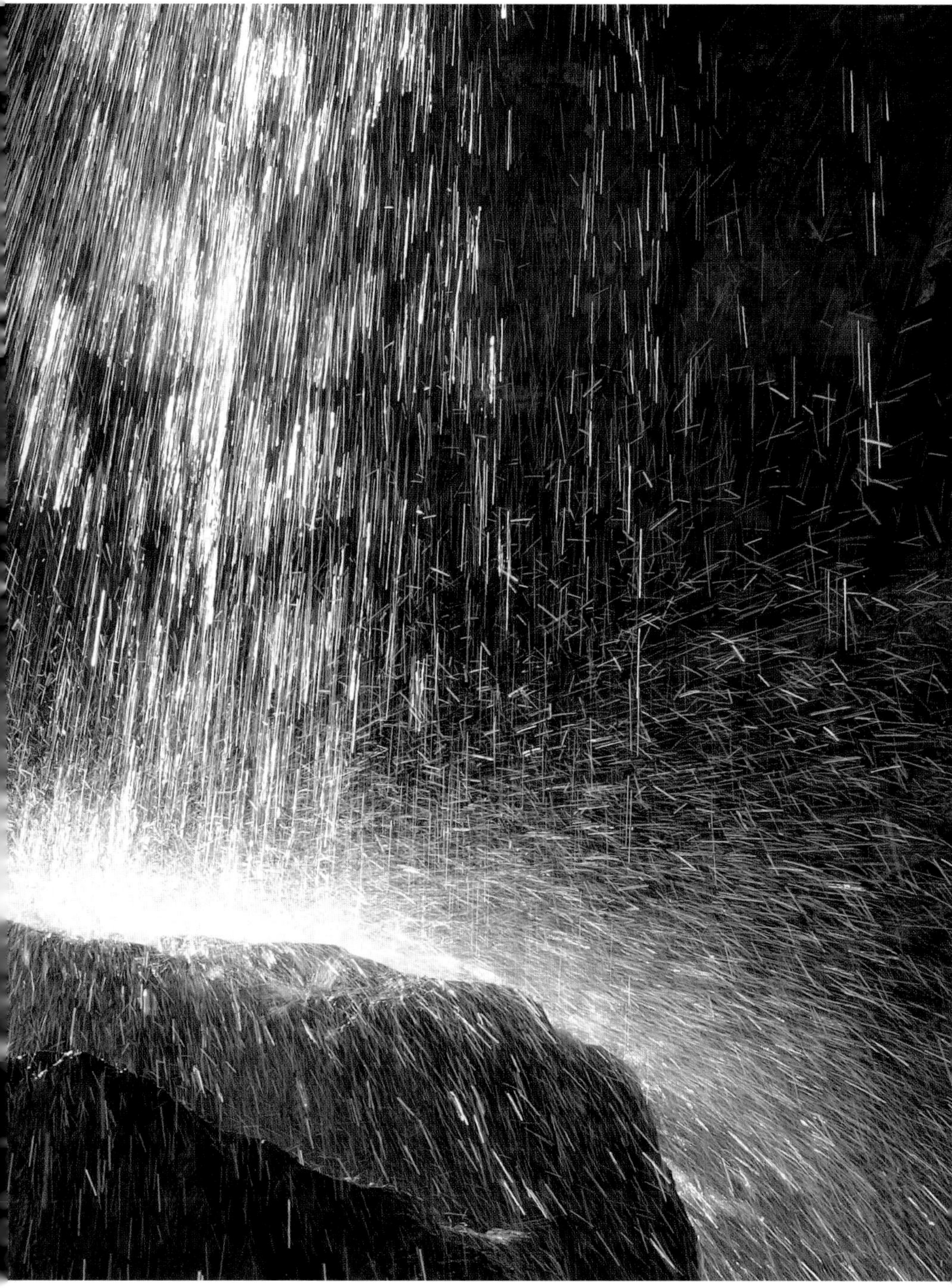

BILD PER STYMNE

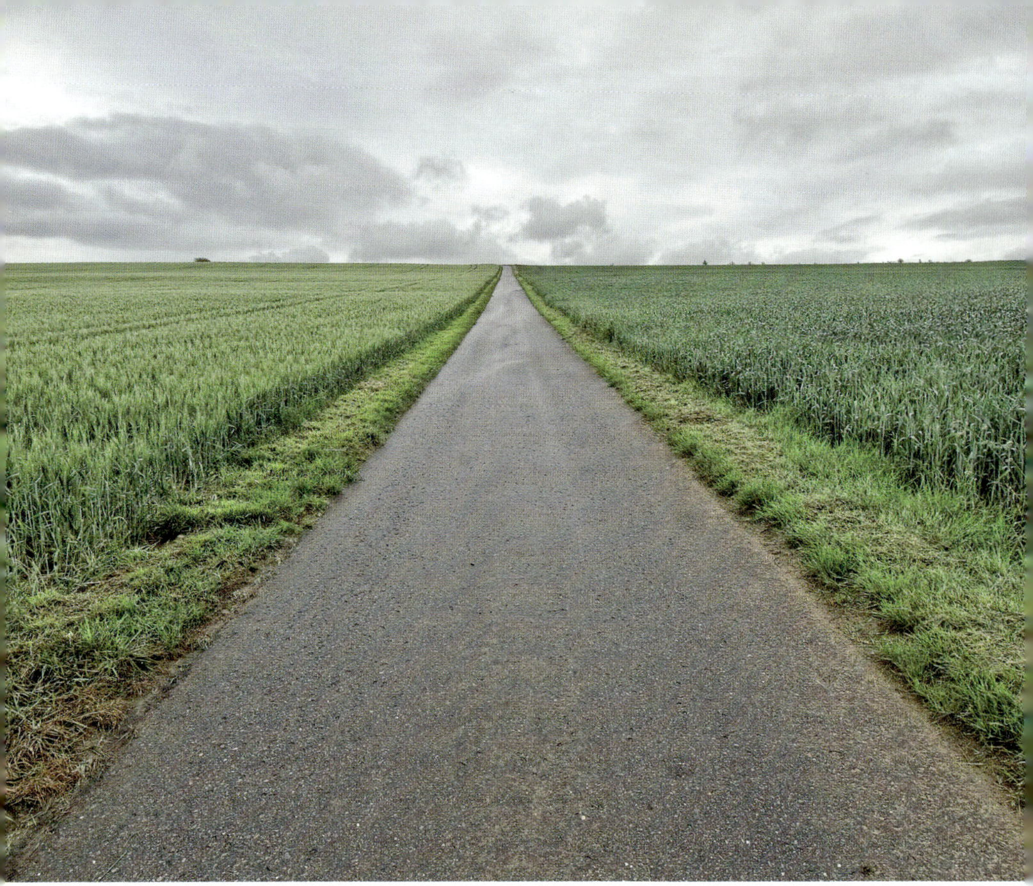

Für messerscharfe Fotos sollten Sie eine Blende wählen, die zwei ganze Blendenwerte geschlossener ist als die maximale Blendenöffnung des verwendeten Objektivs

14 Die richtige Blende für optimale Schärfe

Um messerscharfe Bilder zu erzielen, ist es notwendig, mit dem eigenen Objektiv vertraut zu sein. Ein Objektiv ist nicht bei jeder Blendeneinstellung gleich scharf. Üblicherweise lässt sich nur auf zwei Blendeneinstellungen der Blendenskala die maximale Schärfe erzielen. Ist die maximale Blendenöffnung beispielsweise 2,8, dann liegt die optimale Bildschärfe bei einer Blende von 5,6 oder 8. Am leichtesten findet man die für ein Objektiv optimale Blende durch Ausprobieren heraus. Möchte man ein richtig scharfes Foto machen, fotografiert man mit der Blendenvorgabe (Zeitautomatik) und stellt die optimale Blende ein. Die Kamera erledigt den Rest.

BILD GERHARD ROSSBACH

15 Die Schärfentiefe reduzieren

Will man ein Motiv vor einem störenden Hintergrund isolieren, lässt man den Hintergrund unscharf werden. Dazu wählt man eine große Blendenöffnung (beispielsweise Blende 2,8), um die Schärfentiefe zu reduzieren. Der Effekt wird bei Verwendung eines Teleobjektivs besonders deutlich, weil hier die Schärfentiefe grundsätzlich geringer ist als bei einem Normal- oder Weitwinkelobjektiv.

Auch bei schlechten Lichtverhältnissen muss man manchmal die größtmögliche Blende wählen, damit ausreichend Licht bis zum Sensor der Kamera gelangt. Das Gleiche gilt, wenn man keine längere Belichtungszeit verwenden kann, weil kein Stativ zur Verfügung steht und das Bild sonst verwackeln würde (siehe Tipp 8). Hier ist es besonders wichtig, den optimalen Punkt zum Scharfstellen bewusst zu wählen (siehe Tipp 16).

Mit einer großen Blendenöffnung kann man das Motiv von seinem Hintergrund absetzen.

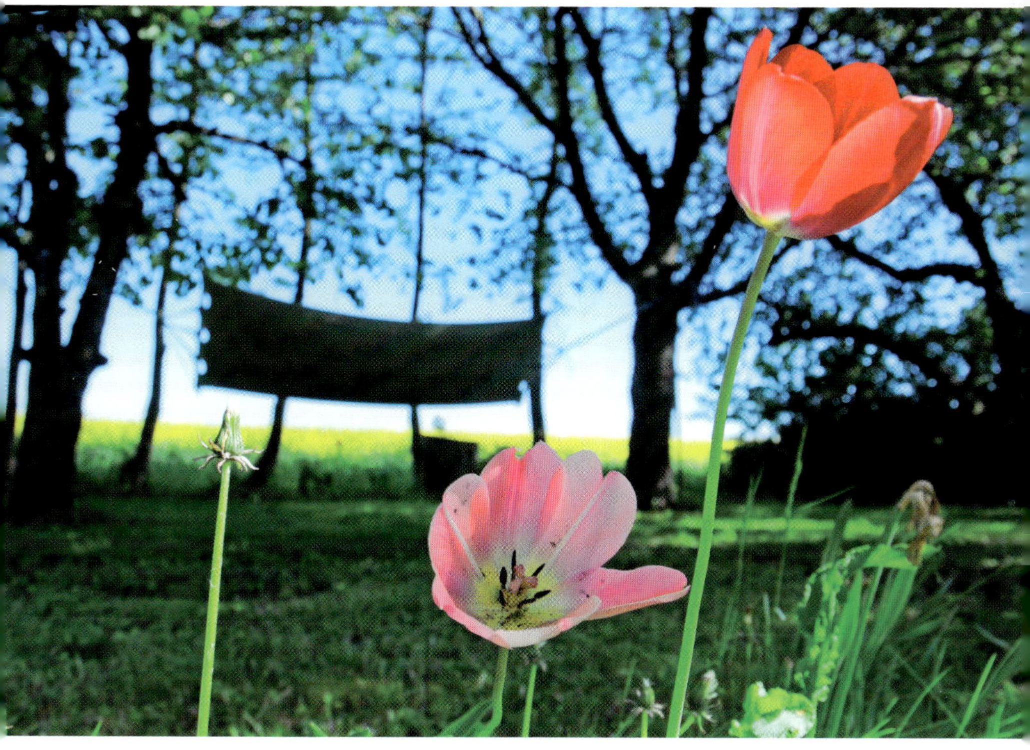

BILD ELIN RANTAKRANS

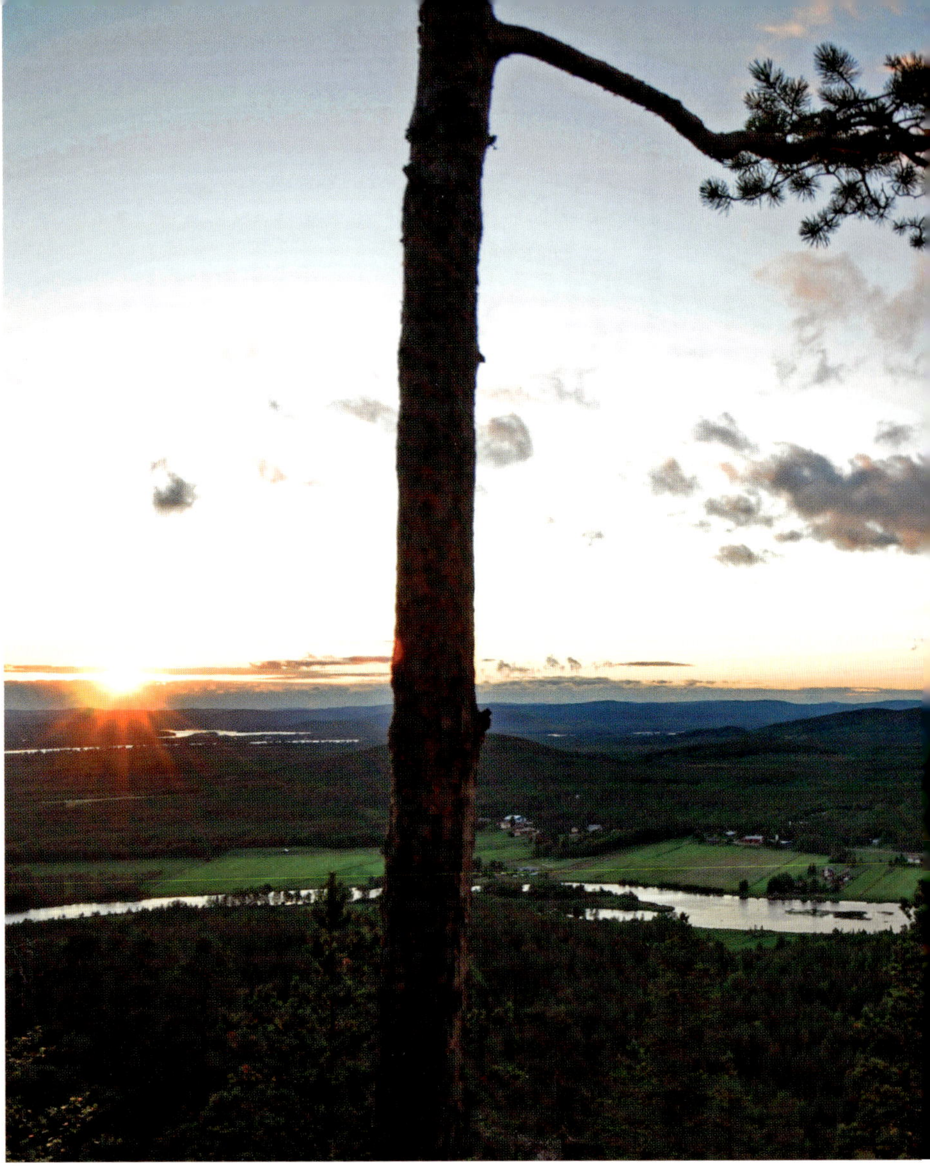

16 Bilder mit hoher Schärfentiefe

Bei Landschaftsaufnahmen will man in der Regel, dass alles im Bild richtig scharf wird. Das erfordert maximale Schärfentiefe. Benutzt man verschiedene Objektive in Kombination mit der gleichen Blende, fällt die Schärfentiefe unterschiedlich aus, wobei ein Weitwinkelobjektiv mehr Schärfentiefe erzeugt als ein Normal- oder Teleobjektiv. Gleichzeitig entsteht bei einer kleinen Blende, sprich einer hohen Blendenzahl wie beispielsweise 22, eine größere Schärfentiefe als bei einer großen Blende

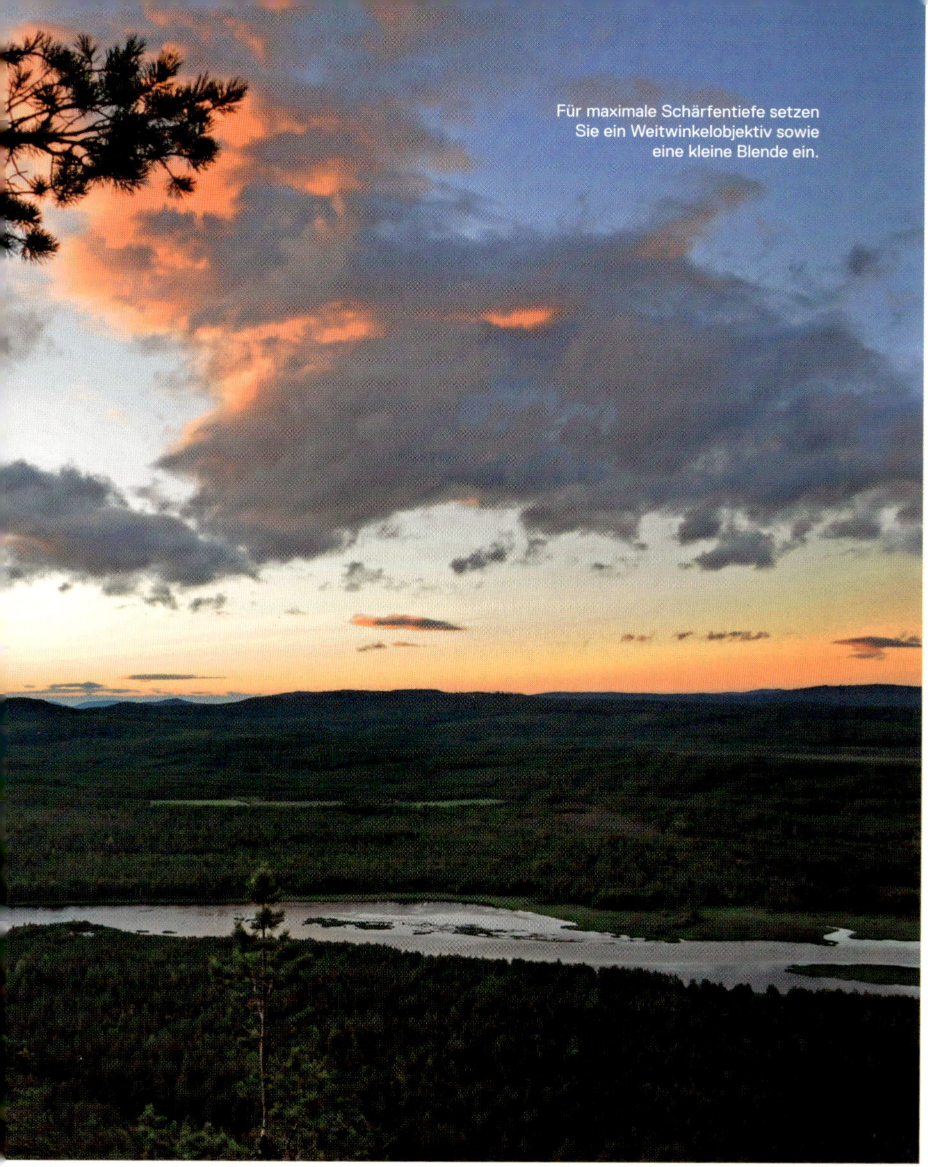

Für maximale Schärfentiefe setzen Sie ein Weitwinkelobjektiv sowie eine kleine Blende ein.

(also kleine Zahl, z. B. 2,8). Um die größtmögliche Schärfentiefe in einer Landschaftsaufnahme zu erhalten, wählt man also eine kleine Blende und eine möglichst kurze Brennweite (Weitwinkelposition). Vermutlich müssen Sie die Kamera auf ein Stativ stellen, um unerwünschtes Verwackeln zu vermeiden (siehe Tipp 8). Wählen Sie den gewünschten Bildausschnitt und stellen Sie die Kamera auf einen Punkt im vorderen Drittel des Bildes scharf. Die Schärfentiefe hinter dem Fokus ist nämlich stets größer als davor, und das sollten Sie nutzen, um ein optimales Ergebnis zu erhalten.

17 Effekte bei kurzer Belichtungszeit

Bewegliche Motive müssen durch eine kurze Belichtungszeit „eingefroren" werden, damit das Bild scharf wird (es sei denn, man möchte es unscharf haben). Fotografiert man beispielsweise bei einem Fußballspiel, sollte man bereits vorab eine kurze Belichtungszeit einstellen, um sofort abdrücken zu können, wenn ein Spieler aufs Tor zielt. In solch dynamischen Situationen muss die Belichtungszeit so kurz wie möglich sein, auf keinen Fall länger als 1/500 Sekunde.

Stellen Sie deshalb die Kamera so ein, dass Sie die Belichtungszeit auswählen können und die Kamera die passende Blende dazu einstellt, damit das Bild korrekt belichtet wird. Beim Einfrieren von Bewegungen ist nämlich die richtige Belichtungszeit wichtiger als die Blende.

Mit einer möglichst kurzen Belichtungszeit lassen sich auch bewegliche Motive festhalten.

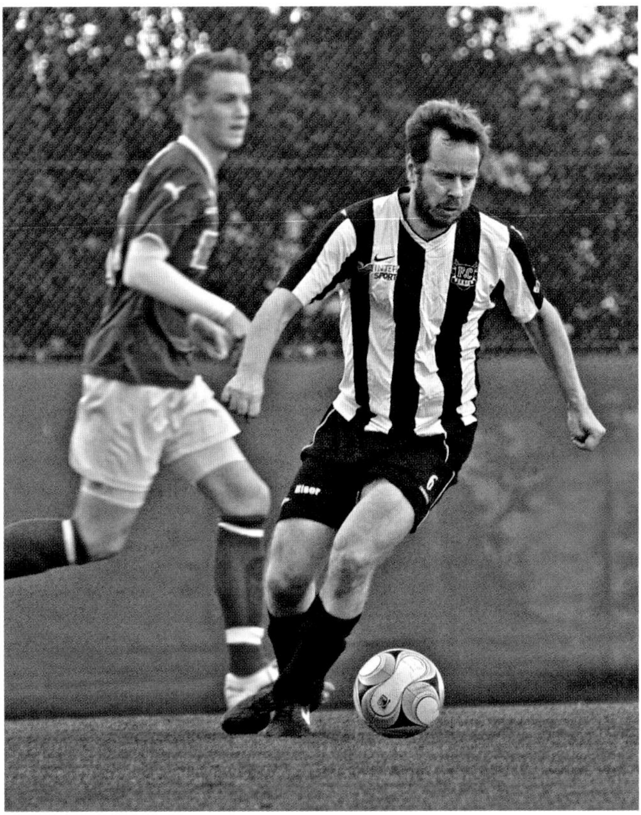

BILD ELIN RANTAKRANS

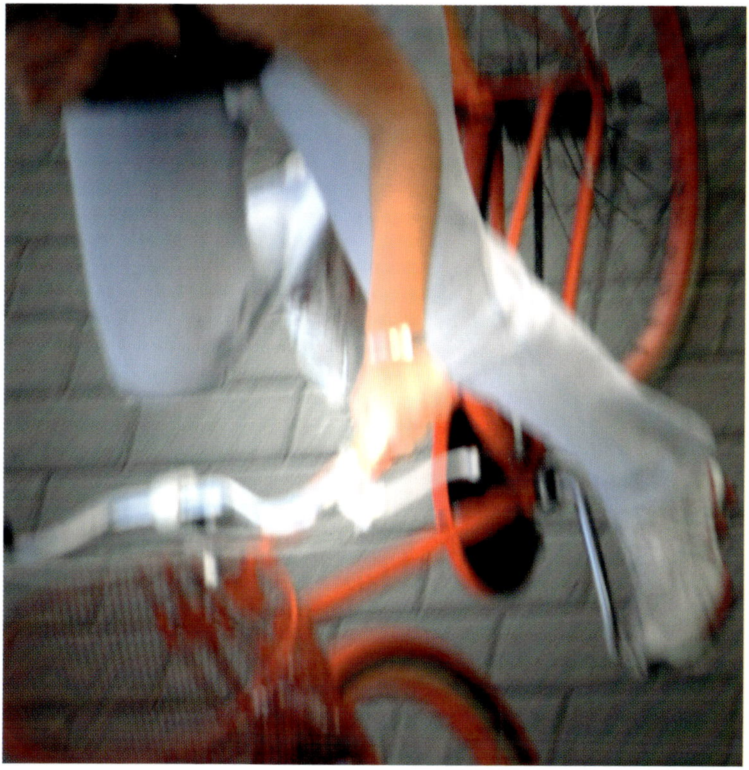

Bei langer Belichtungszeit wirkt ein Foto weniger statisch als bei einer kurzen Belichtungszeit.

18 Effekte bei langer Belichtungszeit

Eine längere Belichtungszeit ist notwendig, wenn man so genannte Bewegungsunschärfe im Bild erzeugen möchte, beispielsweise wenn Sie auf der Straße fotografieren, um die Dynamik des fließenden Verkehrs darzustellen. Bei längerer Belichtungszeit erscheinen die Autos wie ein unscharfer Farbstrich quer über das Foto, während Straße und Umgebung scharf sind. Ist das Ziel des Fotos hingegen, die kurzen Abstände zwischen den einzelnen Autos aufzuzeigen, friert man deren Bewegung durch eine kurze Belichtungszeit ein.

Auch beim Fotografieren am Abend ist eine lange Belichtungszeit notwendig (siehe Tipp 27). Da spät am Abend nicht genug Licht zur Verfügung steht, ist eine besonders lange Belichtung notwendig – oft bis zu mehreren Minuten – um überhaupt ein Bild zu erzeugen. Die Verwendung eines Stativs ist hier ein Muss, damit das Foto nicht verwackelt. Gleichzeitig lässt sich Bewegungsunschärfe wunderbar darstellen. Am besten probieren Sie verschiedene Belichtungszeiten aus, bis das Ergebnis so ist, wie Sie es gerne hätten.

BILD HASSE HOLMBERG

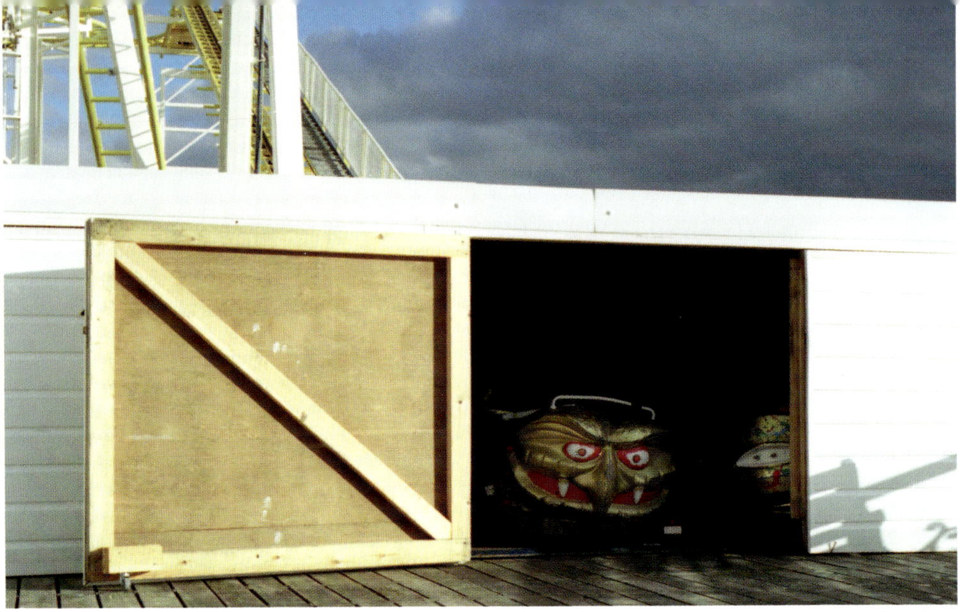

Um unerwünschtes Verwackeln zu vermeiden, sollten Sie eine Belichtungszeit wählen, deren Kehrwert der Brennweite des Objektivs in Millimetern entspricht.

19 Brennweite und Belichtungszeit

Kamera und Objektiv können zusammen ganz schön schwer sein und nicht immer gelingt es, die Kamera beim Fotografieren ruhig in der Hand zu halten, sodass die Bilder verwackeln (siehe Tipp 17). Um dies zu vermeiden, ist eine möglichst kurze Belichtungszeit sinnvoll.

Der Faustregel nach sollte die maximale Belichtungszeit in Sekunden dem Kehrwert der Brennweite des verwendeten Objektivs in Millimetern möglichst nahe kommen, sofern Kamera oder Objektiv nicht über einen Bildstabilisator verfügen. Bei 200 mm Brennweite beispielsweise sollte die längste Belichtungszeit nicht länger als 1/200 Sekunde sein, damit das Bild nicht verwackelt. (Diese Regel gilt für Brennweitenangaben, die sich auf das Vollformat beziehen.) Denn mit einem Teleobjektiv werden selbst kleinste Bewegungen im Bild als Unschärfe sichtbar, weil der Bildwinkel kleiner ist als z. B. bei einem Normal- oder Weitwinkelobjektiv.

Bei Teleobjektiven ist es deshalb sinnvoll, ein Stativ zu benutzen. Denn mit einem Stativ kann eine geschlossenere Blende und eine entsprechend lange Belichtungszeit eingestellt werden, ohne dass die Aufnahme verwackelt.

Mit einem Normalobjektiv (Brennweite 50 mm) lässt sich problemlos aus der freien Hand fotografieren, weil die längste verwacklungsfreie Belichtungszeit ohne Verwendung eines Bildstabilisators bei ungefähr 1/60 Sekunde liegt. Bei Teleobjektiven gilt indes: je länger die Brennweite, desto kürzer muss die zu verwendende Belichtungszeit sein, weil sich das Zittern der Hände durch die Vergrößerungswirkung umso stärker bemerkbar macht und das schöne Bild umso leichter verwackelt. Zusätzlich verstärkt auch das hohe Gewicht von Teleobjektiven die unruhige Haltung und das Zittern der Hände.

BILD ELIN RANTAKRANS

20 Die „f/16“-Regel

Wahrscheinlich fotografieren Sie meist mit einer modernen digitalen Kompakt- oder Systemkamera. Aber vielleicht verbirgt sich auch bei Ihnen zuhause im Schrank noch die ein oder andere analoge Kamera, mit oder ohne eingebautem Belichtungsmesser. Wenn Sie Lust haben, den alten Schatz wieder einmal auszuprobieren (und sich noch eine Filmrolle auftreiben lässt), benötigen Sie eine Faustregel, die Ihnen hilft, die richtige Blende zu wählen. Hier kommt die so genannte „f/16“-Regel ins Spiel, die besagt, dass bei sonnigem Wetter am besten die Blende 16 funktioniert (für andere Wetterverhältnisse siehe unten). Bedenken Sie, dass Digitalkameras empfindlicher reagieren als analoge, wenn es um die korrekte Belichtung geht, und dass die Faustregel manchmal ein klein wenig angepasst werden muss.

Wenn Sie die „f/16“-Regel anwenden, wählen Sie im zweiten Schritt eine Belichtungszeit, die der eingestellten ISO-Zahl am nächsten ist, und zwar in ganzen Schritten. Ein Beispiel: Bei ISO 100 ergibt sich eine Belichtungszeit von 1/125 Sekunde (1/100 Sekunde wäre kein ganzer Schritt), bei ISO 200 1/250 Sekunde und bei ISO 400 1/500 Sekunde.

Für unterschiedliche Wetterverhältnisse ergeben sich folgende Blenden: sonnig f/16; diesig f/11; leicht bewölkt f/8; bewölkt f/5,6; schattig f/5,6.

Eine einfache Faustregel besagt: Bei sonnigem Wetter am besten die Blende 16 verwenden. BILD MARIE RYTKÖLÄ

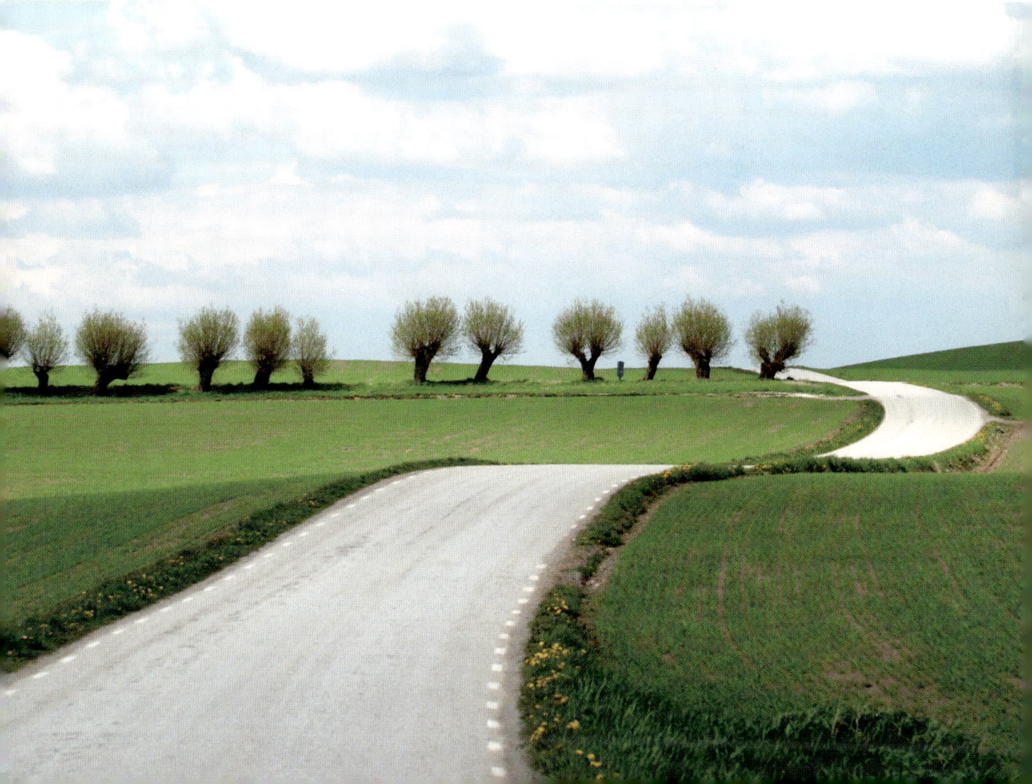

21 Den Weißabgleich kontrollieren

Beim Fotografieren eines Sonnenuntergangs soll das Licht auch im Bild warm erscheinen, genau wie in der Realität. Die Kamera weiß jedoch nicht, dass Sie einen Sonnenuntergang fotografieren, und wird deshalb automatisch das warme Licht so korrigieren, dass es wie normales Tageslicht aussieht. Das Ergebnis erscheint dann kalt und klinisch, statt warm und romantisch. Man kann den Weißabgleich daher auch von Hand einstellen, entweder über eine der vorgegebenen Voreinstellungen im Kameramenü (üblicherweise Symbole wie Glühbirne, Neonröhre, Sonne, Blitz und Wolke) oder indem man die Kamera auf die Farbtemperatur des vorherrschenden Lichts einstellt (siehe Tipp 58). Dazu hält man ein neutralweißes Blatt Papier vor die Kamera, und zwar in genau dem Licht, in dem sich das gewünschte Motiv befindet, und macht ein Foto. Dann kann die Kamera einen dem Licht entsprechenden Weißabgleich anwenden. Wie das genau funktioniert, steht in der Bedienungsanleitung Ihrer Kamera.

Mit dem richtigen Weißabgleich wird ein unerwünschter Farbstich vermieden und die Fotos sehen natürlich aus.

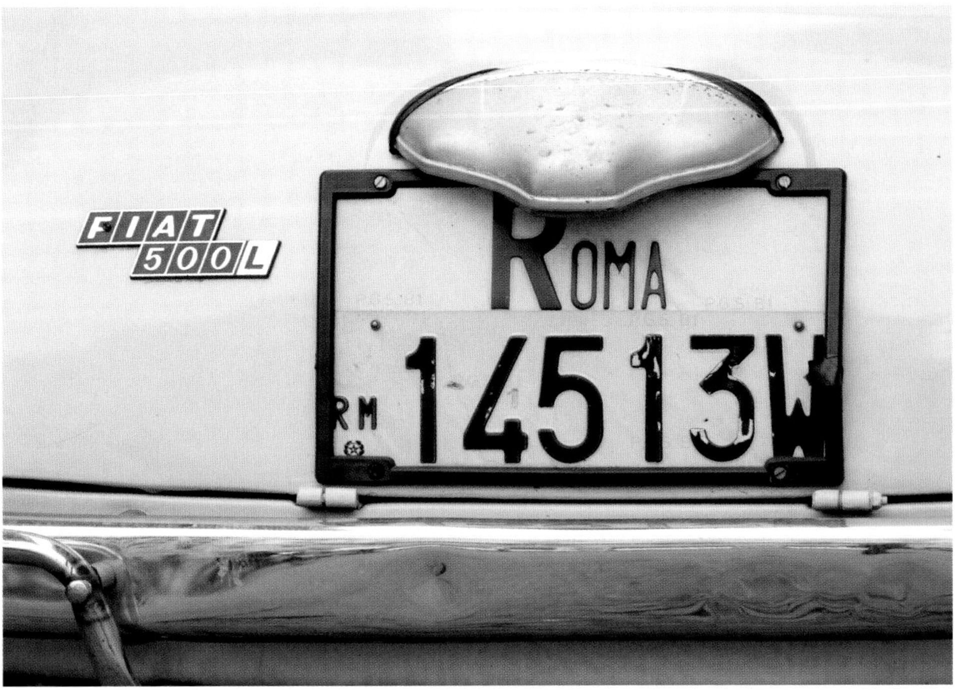

BILD TOBIAS HAGBERG

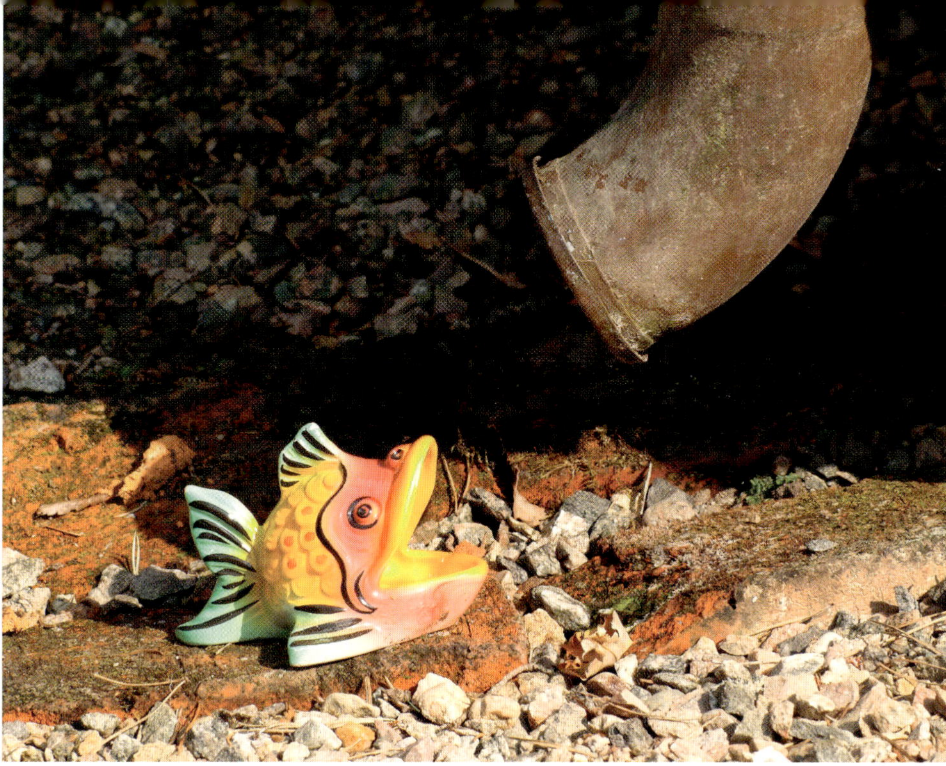

An einer Kamera ohne Vollformatsensor gibt das Objektiv einen kleineren Ausschnitt des Motivs vergrößert wieder, was durchaus von Vorteil sein kann, wenn eine Telewirkung erwünscht ist.

22 Vollformat – ja oder nein?

Viele Digitalkameras sind mit einem kleinen Sensor ausgestattet. Während Kompaktkameras winzig kleine Sensoren haben, besitzen Systemkameras größere Sensoren. Nur besonders teure Spiegelreflexkameras besitzen einen Vollformatsensor, der so groß wie ein Kleinbildnegativ oder -dia ist. An einer Systemkamera kann ein und dasselbe Objektiv eine andere Bildwirkung hervorrufen, wenn der Sensor unterschiedlich groß ist. Setzt man ein Wechselobjektiv an einer Systemkamera mit kleinerem Sensor an, bildet es einen kleineren Ausschnitt auf dem Sensor ab als an einer Systemkamera mit Vollformatsensor. Ein 50-mm-Objektiv beispielsweise ist an einer Kamera mit Halbformatsensor kein Standardobjektiv mehr, das den normalen Blickwinkel des Menschen erfasst, sondern ein leichtes Teleobjektiv, dessen Bildausschnitt ungefähr dem eines 75-mm-Objektiv an einer Vollformatkamera entspricht. Nur an einer Digitalkamera mit Vollformatsensor erzeugt das 50-mm-Objektiv denselben Bildausschnitt wie an einer analogen Kleinbildkamera.

Praktisch bedeutet das, dass ein Teleobjektiv an einer Halbformatkamera mehr Telewirkung erzeugt als an einer Vollformatkamera. Ein Weitwinkelobjektiv hingegen entfaltet seine volle Wirkung nur an einer Vollformatkamera.

BILD MARIE RYTKÖLÄ

23 Aus den eigenen Bildern lernen

Jedes Mal, wenn die Kamera ein Foto aufnimmt, speichert sie Informationen über Belichtungszeit, Blende, ISO-Zahl etc. Diese Informationen werden im jeweiligen Bildordner im so genannten Exif-Standard gespeichert. Exif-Daten liefern u. a. Informationen darüber, welche Bildwirkung mit einer bestimmten Einstellung erzielt wurde. Diese Informationen können Sie auf dem Display Ihrer Kamera oder später am Computer zuhause aufrufen, wenn Sie die Bilder übertragen haben. Auf diese Weise können Sie Ihre Fähigkeiten als Fotograf weiterentwickeln. War die Belichtungszeit kurz genug, um das Motiv scharf zu stellen? Reicht die Schärfentiefe aus? Schauen Sie am besten in der Bedienungsanleitung Ihrer Kamera nach, wie Sie die Exif-Informationen auf dem Display sichtbar machen oder suchen Sie die passende Menüalternative im Bildbearbeitungsprogramm auf Ihrem Computer.

Die Bildschärfe kann man übrigens bereits bei der Bildwiedergabe auf dem Kameradisplay prüfen, indem man das Bild maximal heranzoomt. Viele Systemkameras haben hierfür eine Schnellfunktion.

Lernen Sie aus den Informationen Ihrer eigenen Bilder. Erst durch den Vergleich der Exif-Daten mit dem Bildresultat können Sie Schlussfolgerungen ziehen, wie Sie sich als Fotograf verbessern können.

BILD TOBIAS HAGBERG

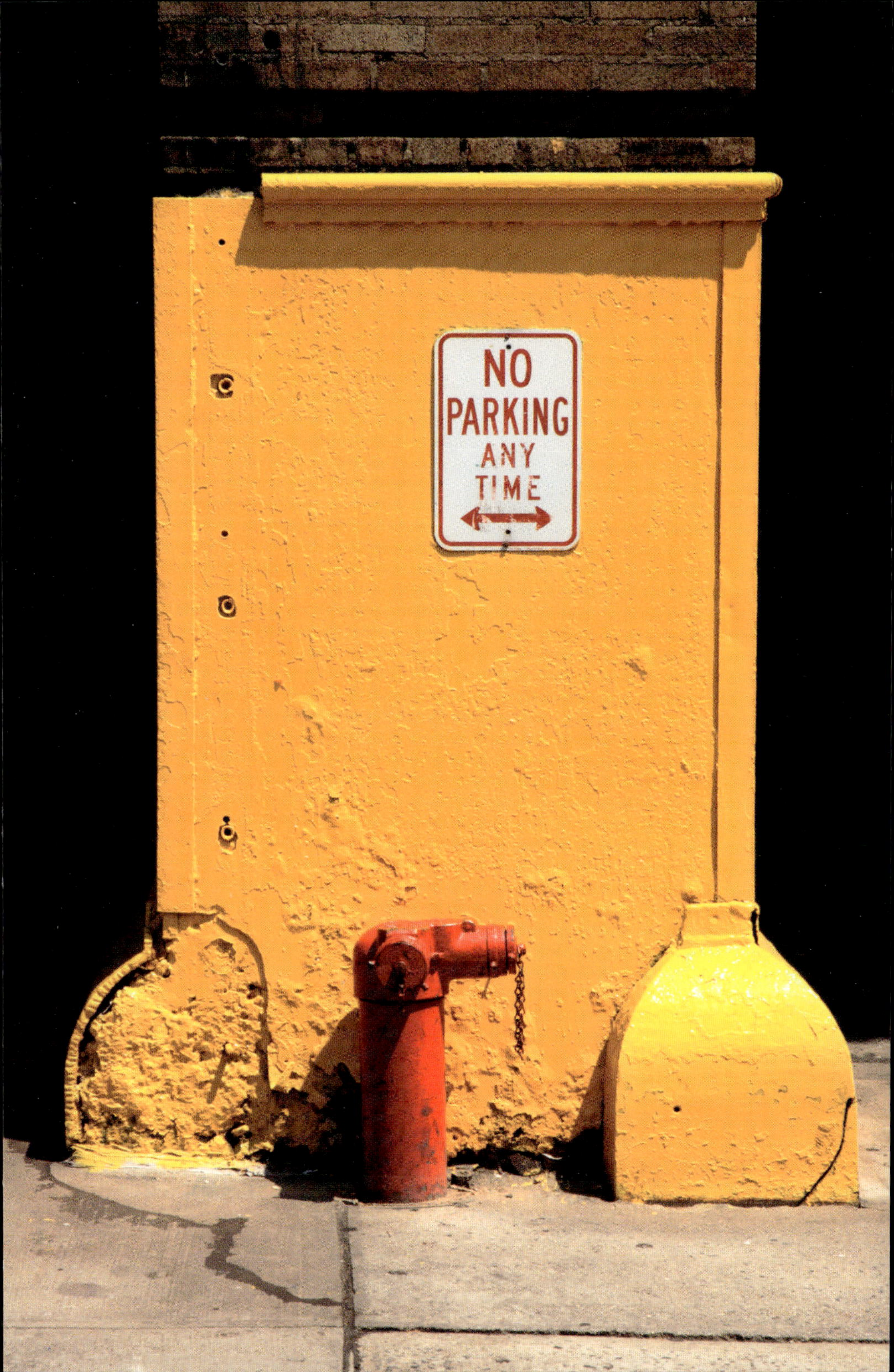
NO
PARKING
ANY
TIME

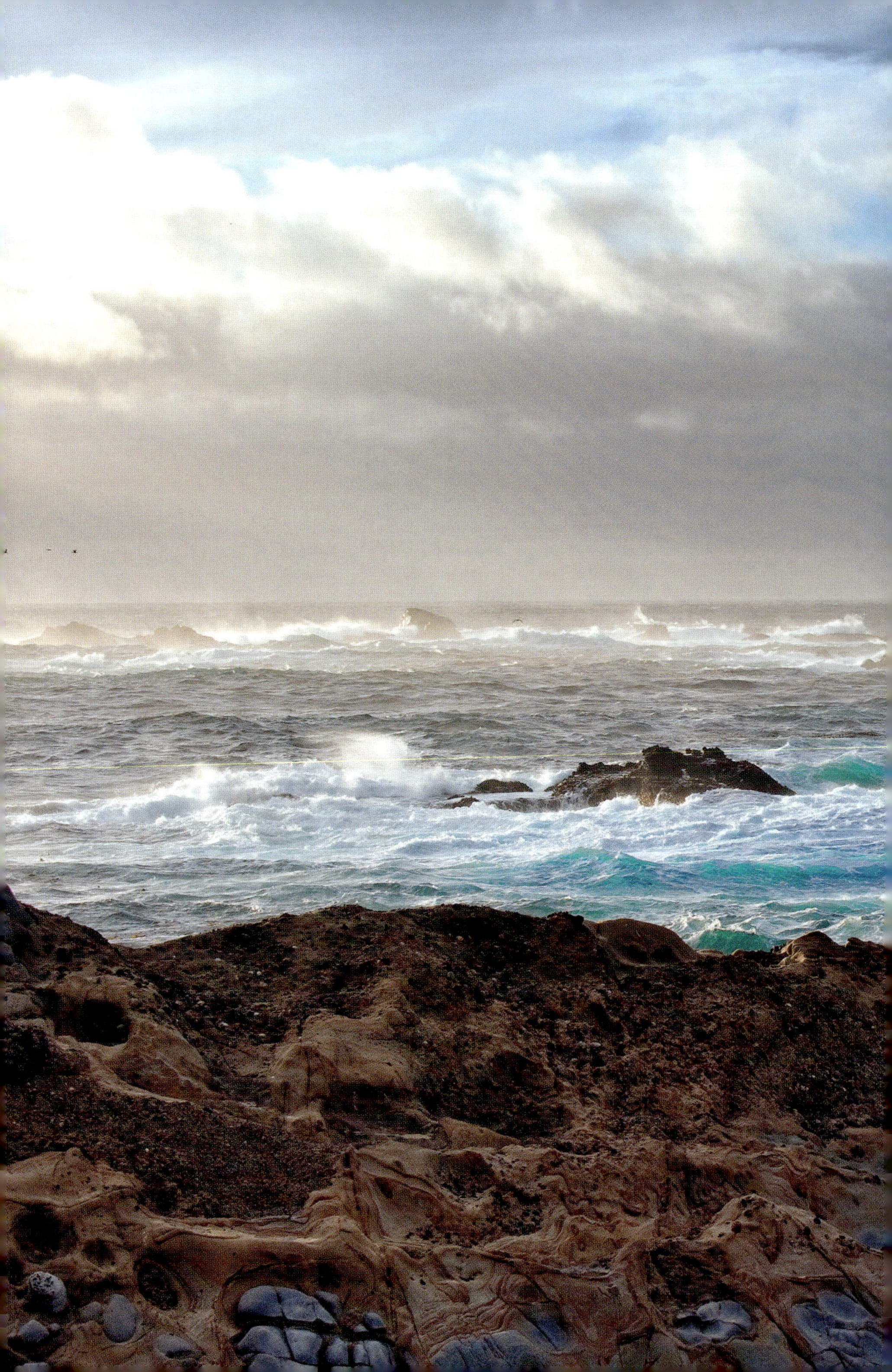

Das beste Licht einfangen

Das Wort „Fotografie“ setzt sich zusammen aus dem griechischen „phos“ für Licht und „graphis“ für Pinsel, heißt wörtlich übersetzt also „malen mit Licht“. Aber was bedeutet das genau?

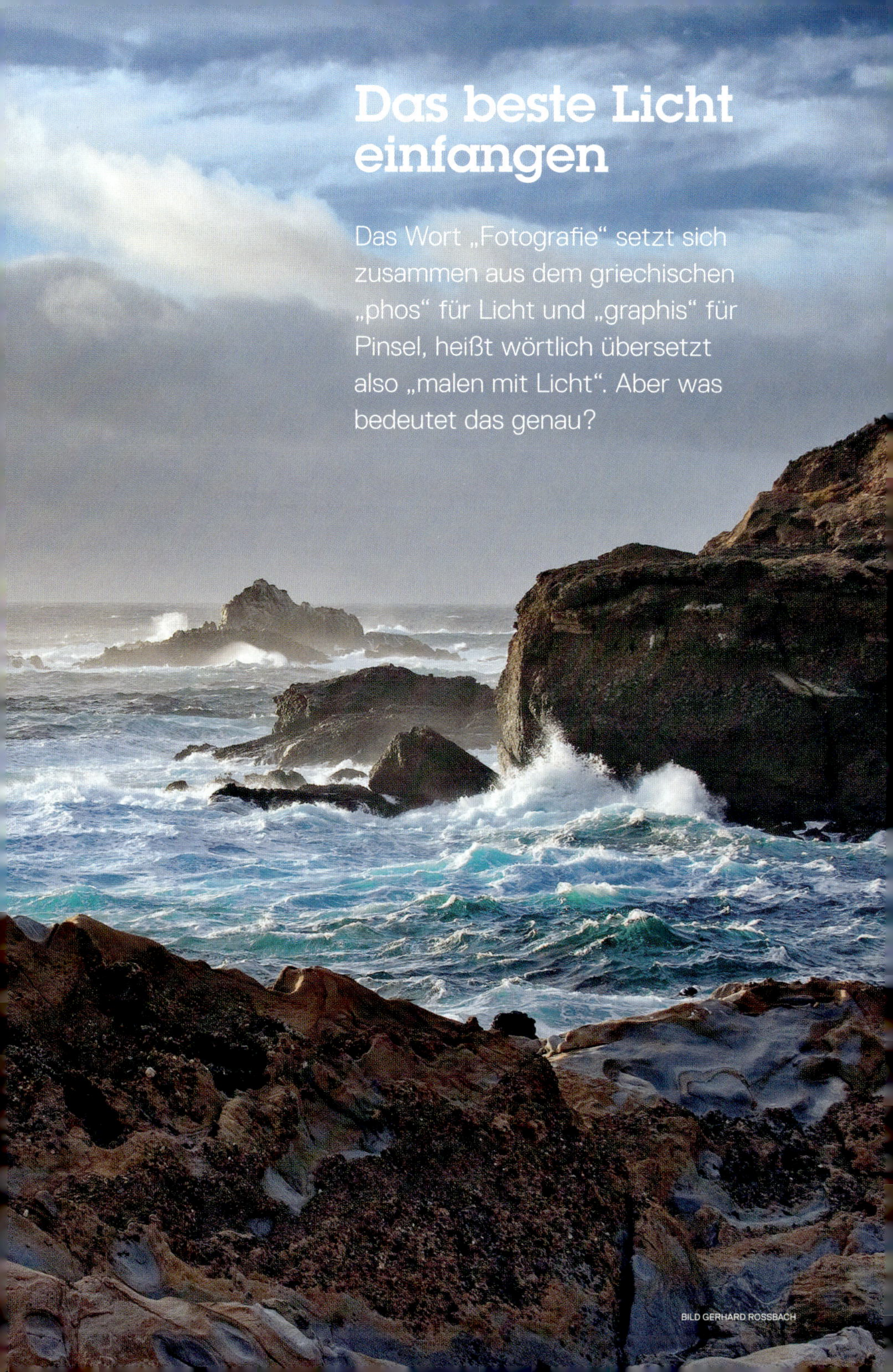

BILD GERHARD ROSSBACH

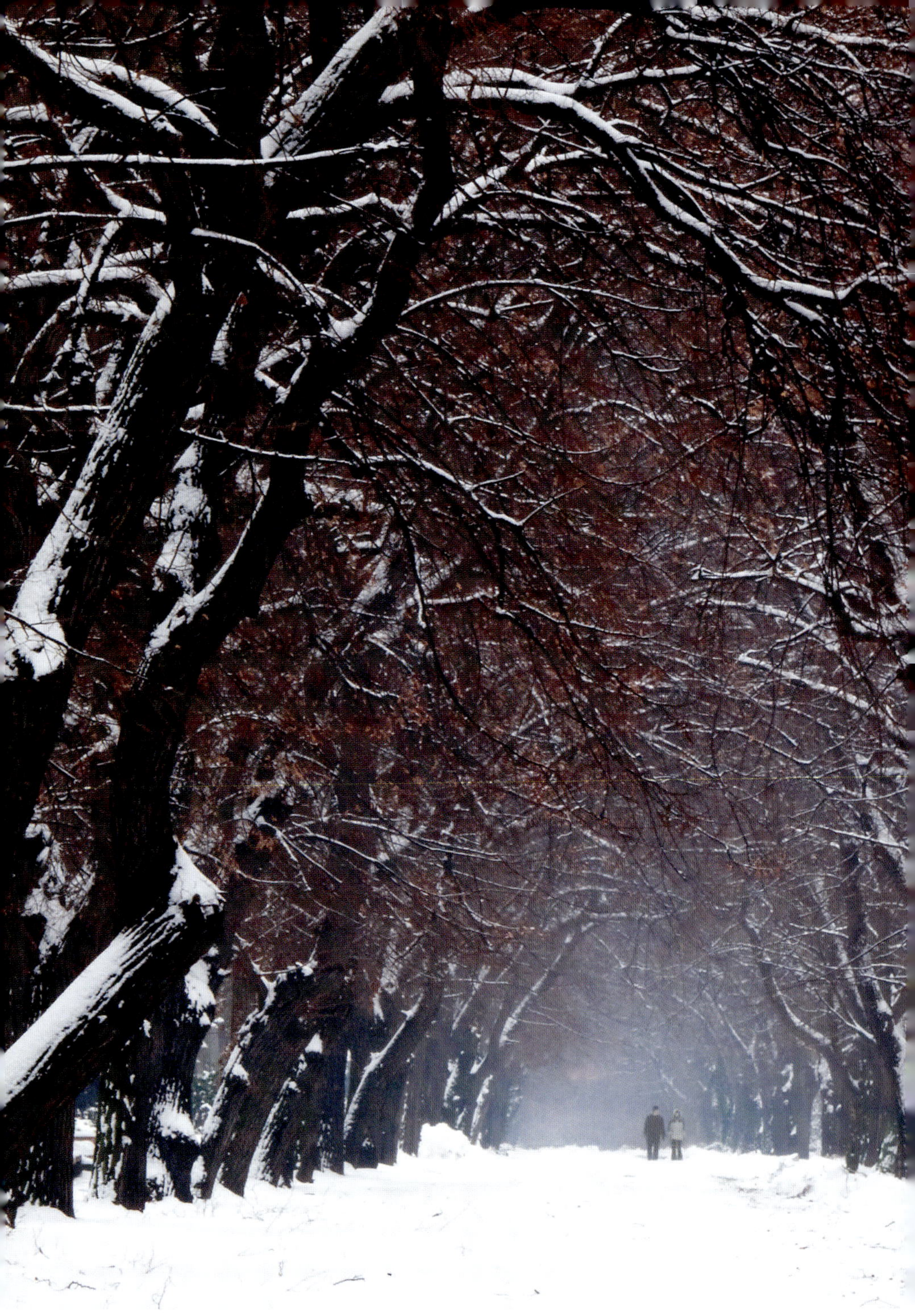

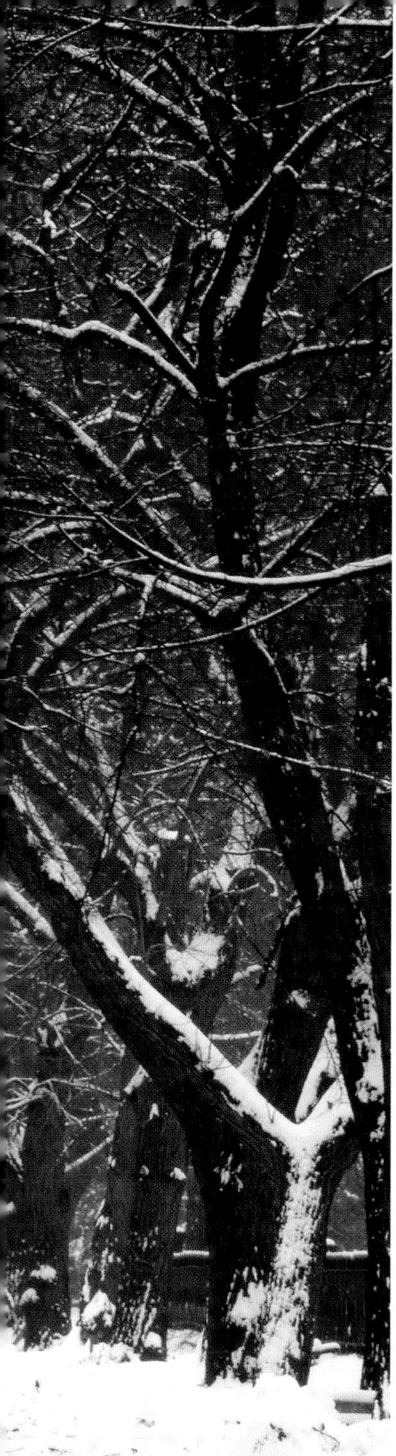

Die Art des vorherrschenden Lichts entscheidet über die Stimmung im Bild. Hier ist das Licht diffus und weich, bei gleichzeitig hoher Luftfeuchtigkeit, was den Eindruck einer Märchenwelt verstärkt.

24 Lichtarten kennenlernen

Schauen Sie sich um! Indem Sie verschiedene Lichtqualitäten unterscheiden lernen, können Sie die Lichtverhältnisse bewusst für Ihre Bilder auswählen. Steht die Sonne hoch am Himmel, entsteht ein hartes, direktes Licht mit kurzen und kompakten Schatten, was sich hervorragend als kontraststeigerndes Element in architektonischen Fotografien eignet. Steht die Sonne niedrig, ist das Licht weicher und wärmer und die Schatten länger. Besonders modellierend und hervorhebend ist Dämmerlicht (siehe Tipp 27 und Tipp 26). Zur „goldenen Stunde", also bei Sonnenauf- und Sonnenuntergang hebt das warme Licht der Sonne die Strukturen der Landschaft und Natur besonders hervor. Bei bedecktem Himmel wiederum erscheint das Licht gleichmäßiger und die Schatten sind diffus und kaum zu sehen. Bei hoher Luftfeuchtigkeit liegt das Motiv in einer Art Nebel, ein Effekt, der umso deutlicher wird, je weiter man sich vom Motiv entfernt. Ein verträumter Eindruck entsteht. Fotografieren Sie durch dicken Nebel, können Sie mit den Effekten spielen, die durch die durchscheinenden Sonnenstrahlen entstehen – auch dies funktioniert am besten in der Dämmerung. Bei Nebel oder bewölktem Wetter lassen sich häufig verschiedene Sonnenphänomene entdecken, wie Regenbögen oder ein Hof rund um die Sonne.

Das weiche Licht bewölkter Nachmittage eignet sich besonders für Porträtaufnahmen. Das indirekte, diffuse Licht schmeichelt Falten oder unreine Hautpartien einfach weg und in Kombination mit einer kürzeren Schärfentiefe (siehe Tipp 6) erscheinen die Personen im wahrsten Sinne des Wortes „im besten Licht".

Achten Sie auf das Licht und erkennen Sie, welches Licht zu welchem Motiv passen könnte.

BILD SZABOLCS J CSÖRGE

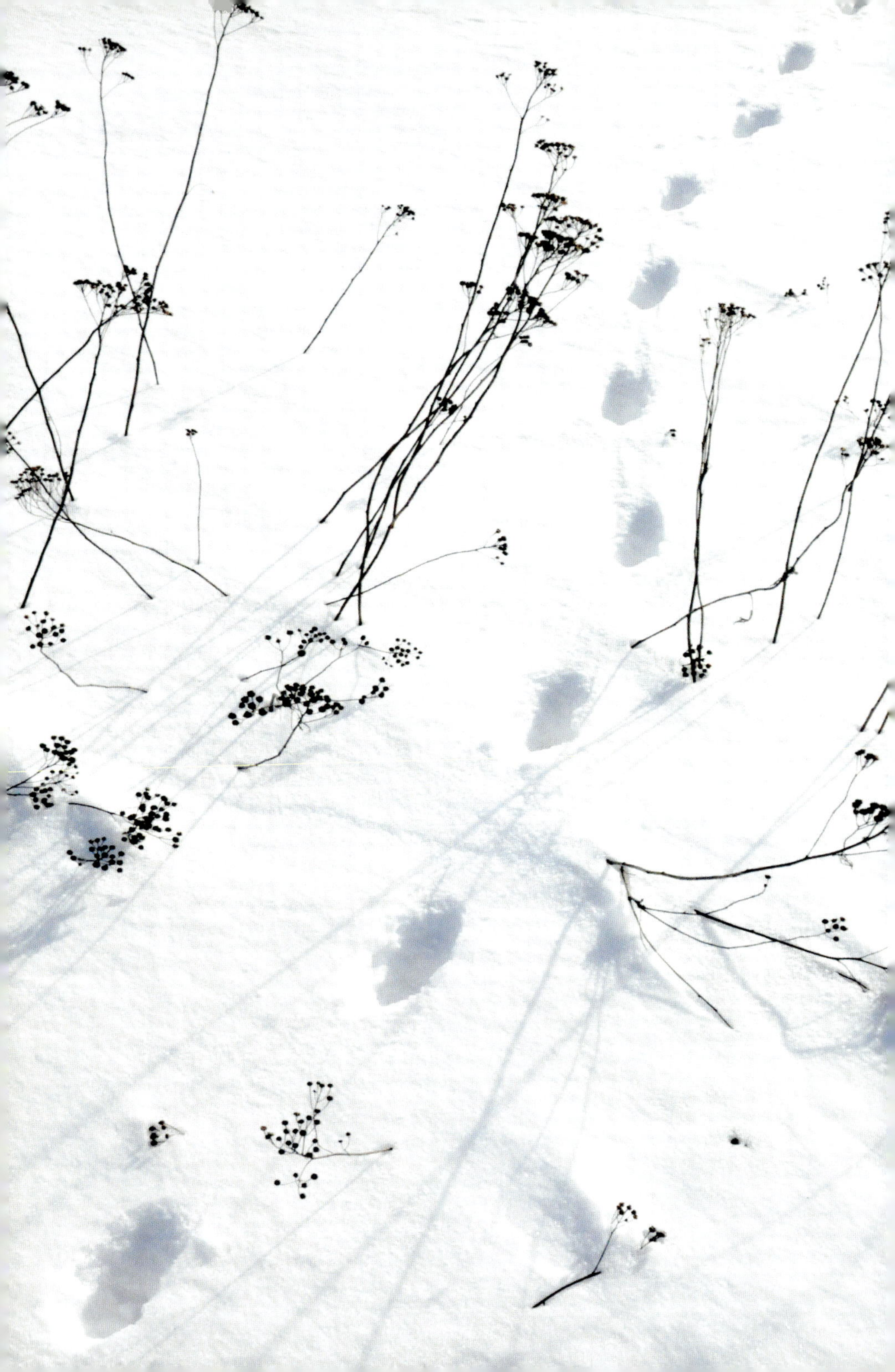

25 Der richtige Trick bei Schnee und Sand

Damit die Bilder vom Skiurlaub oder vom Badestrand nicht schmutzig grau erscheinen, muss der Belichtungsmesser der Kamera überlistet werden. Kreideweißer Schnee und heller Sand führen bei Sonnenschein meist dazu, dass die Fotos unterbelichtet werden, weil der Belichtungsmesser zu viel Helligkeit wahrnimmt. Eine einfache Lösung für dieses Problem bietet die Belichtungskorrekturfunktion, über die sogar Kompaktkameras in aller Regel verfügen. Justiert man diese um +1 bis +2, sieht das Foto plötzlich wirklichkeitsgetreu aus. Der Schnee erscheint weiß und nicht mehr grau, weil mehr Licht zum Sensor durchgelassen wurde.

Eine ebenfalls schwierige Lichtsituation entsteht, wenn man durch ein Fenster fotografieren möchte. Draußen ist das Licht heller als drinnen, und die Kamera bekommt Schwierigkeiten, die Lichtverhältnisse richtig zu messen. Zunächst sollte man sich das Bild auf dem Display der Kamera genau anschauen. Erscheint die Landschaft draußen blass, nimmt man eine Belichtungskorrekur von –1 bis –2 vor. So kommt weniger Licht in die Kamera und die Landschaft wird deutlicher. Gleichzeitig wird das Fenster drum herum dunkler. Wenn einem die Details des Fensters wichtiger sein sollten als die Landschaft, die man dadurch sieht, macht man es genau umgekehrt und korrigiert die Belichtung um +1 bis +2.

Lernen Sie den Umgang mit der Belichtungskorrektur, damit Ihre Kamera den Schnee weiß und nicht schmutziggrau erscheinen lässt.

BILD TOBIAS HAGBERG

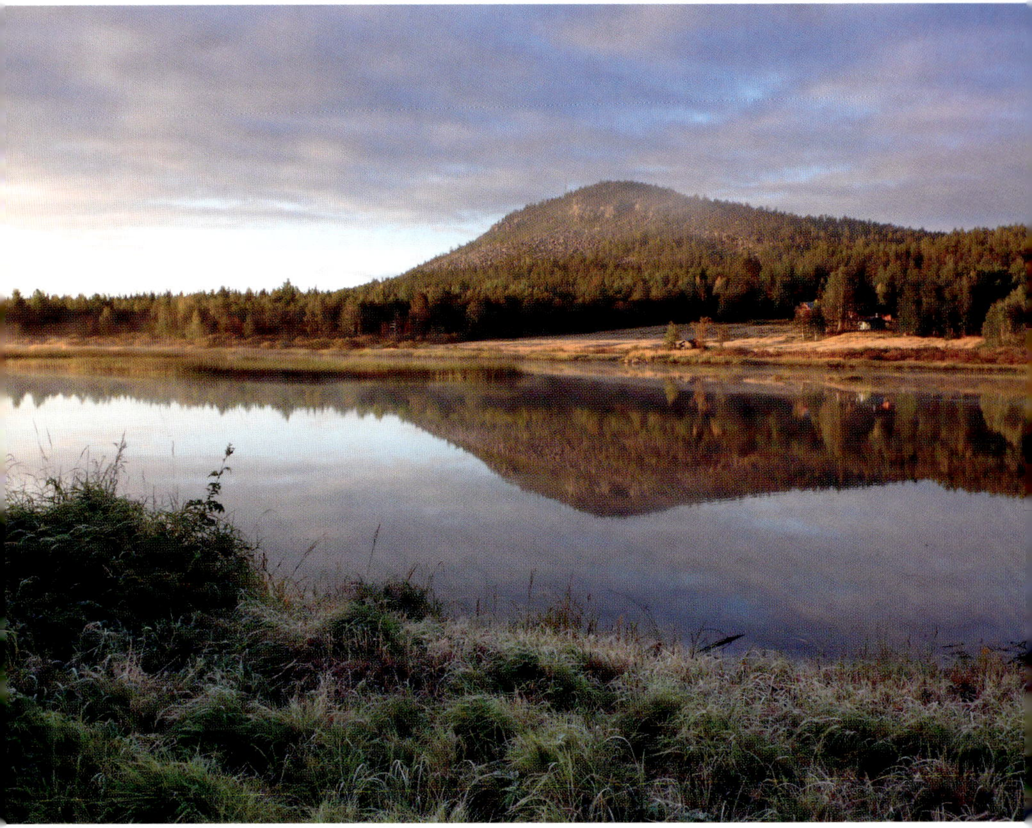

Die Morgensonne ist perfekt für Landschaftsbilder. Hier lässt die Sonne den Nebel über dem Berg Aavasaksa in Finnland schmelzen.

26 Traumlicht bei Sonnenaufgang

Will man dieses verträumte, satte Licht einfangen, das die Fotografen von GEO oder National Geographic immer zu finden scheinen, gibt es nur eins: den Wecker richtig früh am Morgen klingeln lassen. Zum einen steht die Sonne noch niedrig und die Schatten sind länger und deutlicher als später am Tag, zum anderen ist das Licht wärmer, wodurch Blätter und Pflanzen zum Schimmern gebracht werden. Warme Farben leuchten und der Himmel wirkt nicht so hell, sondern erscheint in einem tiefen Blau.

Ein anderer Vorteil des Frühaufstehens ist, dass sich Motive in der näheren Umgebung entdecken lassen, an die man sonst nie gedacht hätte. Normalerweise hektische Straßen sind frühmorgens menschenleer, Seen liegen oft spiegelblank im verträumt wirkenden Frühnebel. Meist ist es windstill und ruhig und die Farbskala sieht morgens noch ganz anders aus als mitten am Tag. Außerdem ist die Luft oft klarer und kühler und unsere Sinne sind schärfer.

BILD ELIN RANTAKRANS

27 Das besondere Licht der Dämmerung

Nachtbilder einer Skyline sind beeindruckend und gar nicht schwer zu bewerkstelligen. Allerdings sollte man wissen, dass die meisten so genannten Nachtbilder gar nicht in der Nacht, sondern in der Dämmerung aufgenommen werden. Bei Nacht wären sie nämlich fast schwarz, lediglich mit kleinen Lichtpunkten und ohne die gewünschten schönen Farben des Himmels. Da die Kamera nicht so lichtempfindlich ist wie das menschliche Auge, benötigt sie mehr Licht, um Farben wahrzunehmen. Deshalb muss ein Nachtbild in der Dämmerung aufgenommen werden, weil bei nachtschwarzem Himmel eine unendlich lange Belichtungszeit notwendig wäre. Falls Sie die Gelegenheit haben, Ihren Fototermin zeitlich genau zu planen, sollten Sie außerdem den Wetterbericht einholen und einen Tag während einer stabilen Wetterlage wählen. So kann man bereits am Vorabend absehen, welches Licht bei Dämmerung herrschen wird, und eine Uhrzeit für den Fototermin wählen, zu der der Himmel am schönsten ist.

Zum Fotografieren stellt man anschließend die Kamera auf ein Stativ und macht mehrere Bilder mit unterschiedlicher Belichtungszeit: einmal mit normaler Belichtung gemäß der Belichtungsmessung der Kamera, einmal unterbelichtet und einmal überbelichtet. Versuchen Sie ruhig einmal, mehrere Sekunden oder sogar Minuten zu belichten, und vergleichen Sie die verschiedenen Effekte auf dem Display Ihrer Kamera.

Nachtbilder werden eigentlich in der Dämmerung aufgenommen, um die hübschen Lichtwechsel des Himmels einzufangen. Philadelphia, USA.

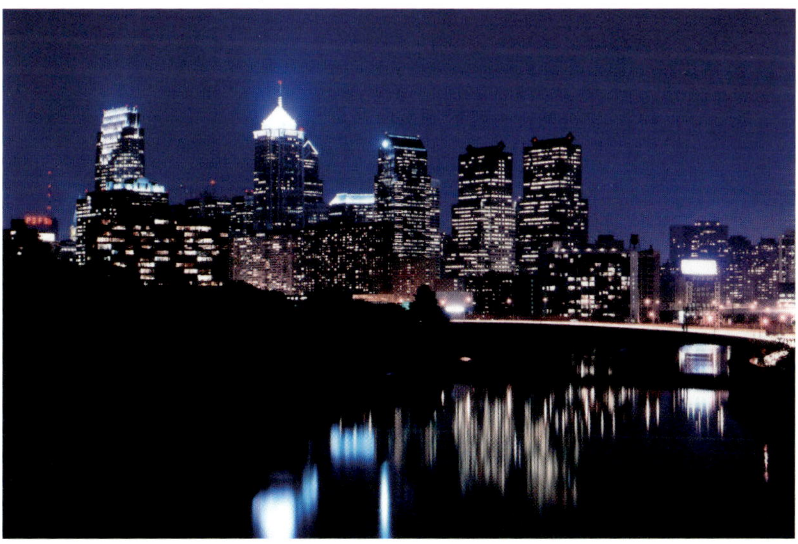

BILD ELIN RANTAKRANS

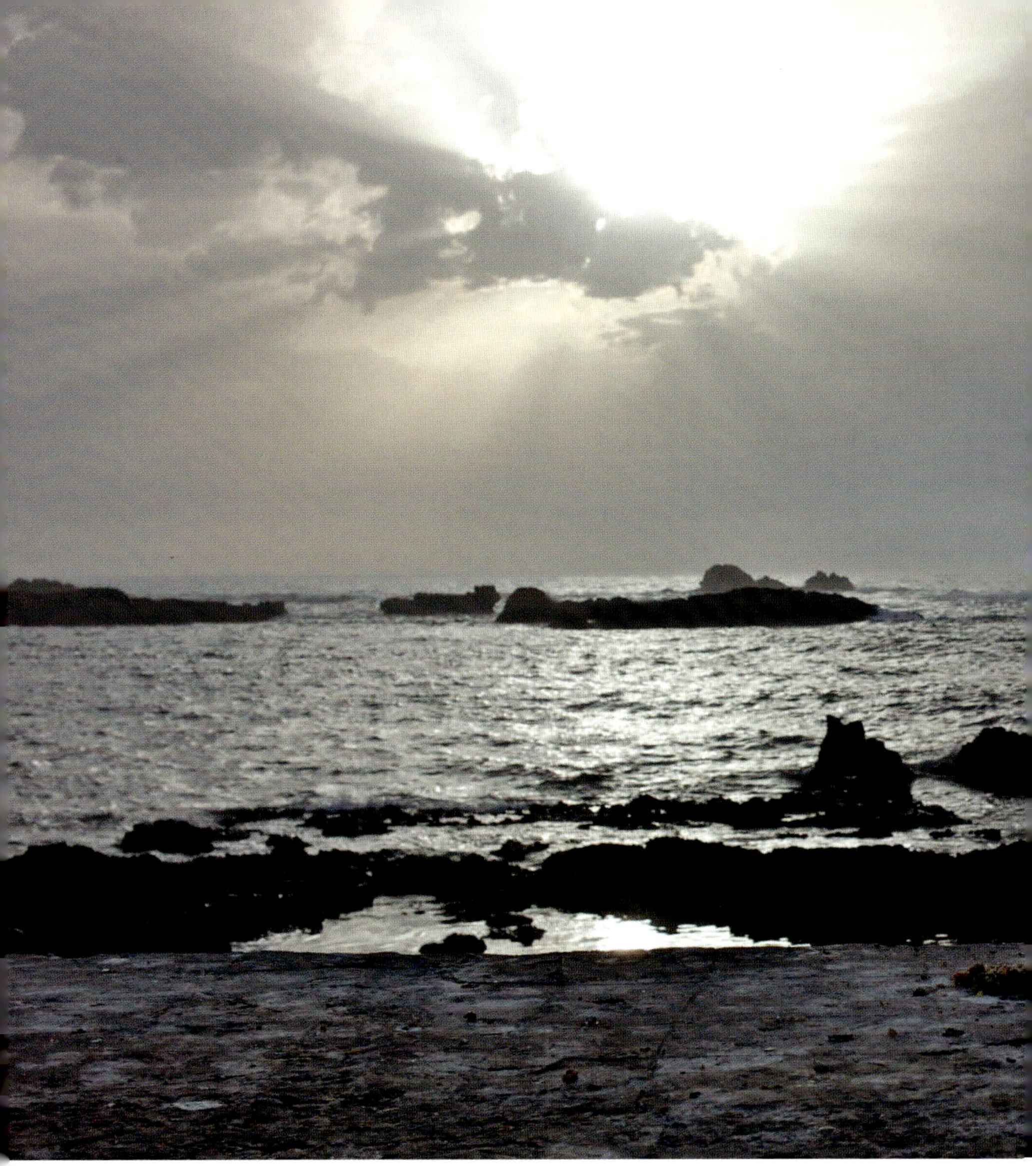

28 Schutz vor Gegenlicht

Früher hieß es immer, man solle mit der Sonne im Rücken fotografieren, mit dem Ergebnis, dass alle Menschen mit zusammengekniffenen Augen in die Kamera schauen. Weil das nicht besonders toll aussieht, empfehlen wir, es anders zu machen. Um das vorhandene Licht auszunutzen und eine entsprechende Stimmung

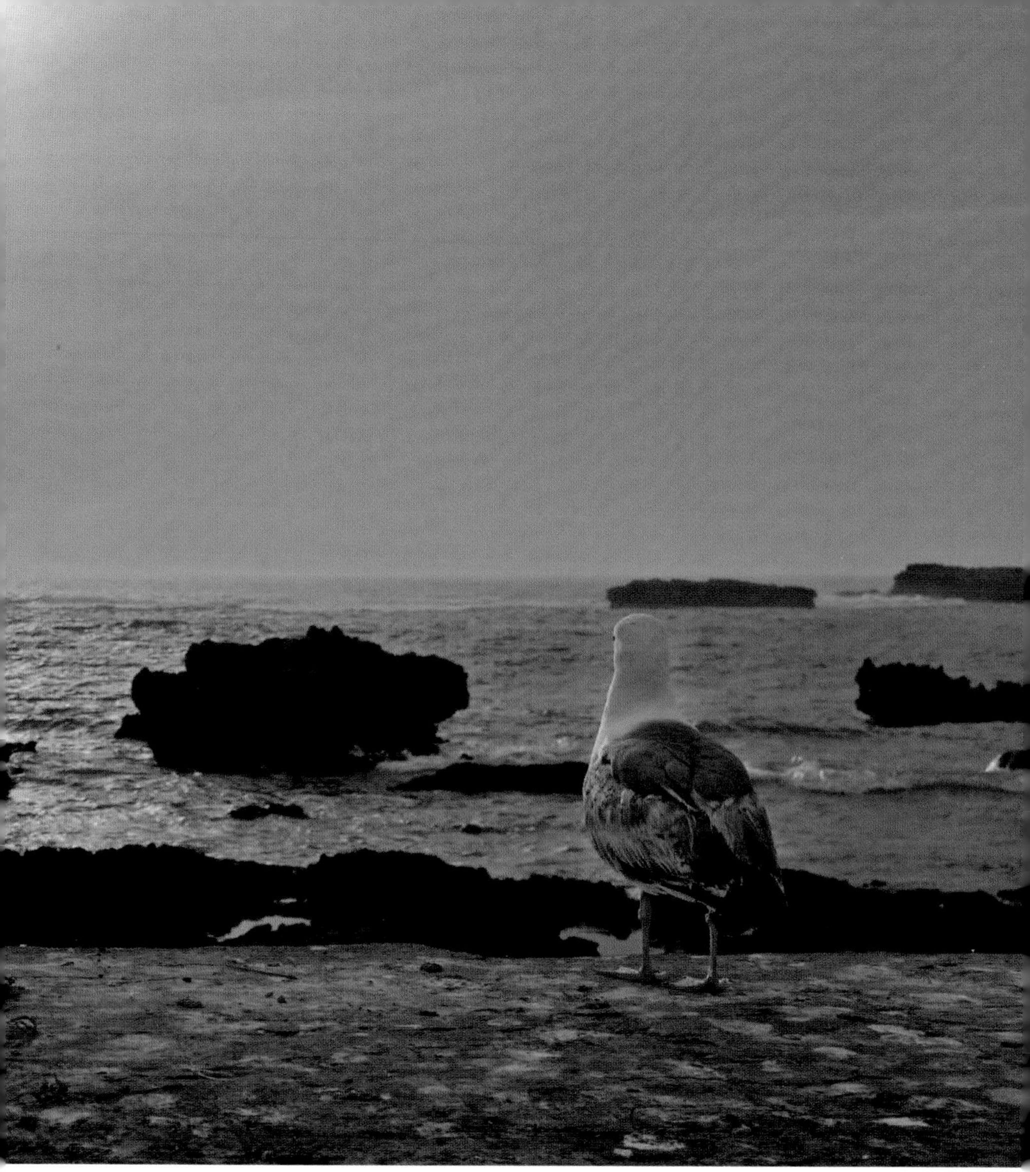

Sollte die Sonne direkt in das Objektiv scheinen, halten Sie einfach die Hand direkt darüber, damit das Objektiv im Schatten liegt.

im Foto zu erzeugen, kann man den Stand der Sonne geschickt einsetzen. Steht die Sonne genau hinter dem Motiv, montiert man eine Gegenlichtblende auf das Objektiv. Alternativ reicht auch die Hand, die man so über das Objektiv halten muss, dass sich ein Schatten bildet. Sind die Sonnenlichtreflexe im Sucher oder auf dem Monitor verschwunden, ist die Hand in der richtigen Position und das Foto wird trotz Gegenlicht gelingen.

BILD GERHARD ROSSBACH

29 Das „menschliche“ Stativ

Wenn die Lichtverhältnisse bereits zu schlecht erscheinen, um ohne Stativ zu fotografieren, sollte man bei einem lohnenden Motiv trotzdem sein Glück versuchen. Dazu wird eine große Blende gewählt und die kürzeste Belichtungszeit eingestellt, mit der noch eine korrekte Belichtung möglich. Damit das Bild jetzt nicht verwackelt, stellt man sich breitbeinig hin, hält die Kamera fest in beiden Händen und stützt die Ellenbogen gegen den Körper. Sollte es einen Laternenpfahl oder eine Wand in der Nähe geben, kann man sich zur Unterstützung dagegen lehnen. Jetzt gilt es, ruhig und gleichmäßig zu atmen, um zu vermeiden, dass die Kamera wackelt. Am besten macht man so viele Bilder wie möglich, denn es ist nicht leicht, unter diesen Bedingungen scharfe Bilder zu erzielen. Ein Versuch lohnt sich aber allemal, denn manchmal ist ein technisch betrachtet schlechtes Bild am Ende das kreativste.

Bei schwachem Licht können Sie sich beim Fotografieren an eine Wand oder etwas Ähnliches anlehnen, das kurzfristig ein Stativ ersetzen kann.

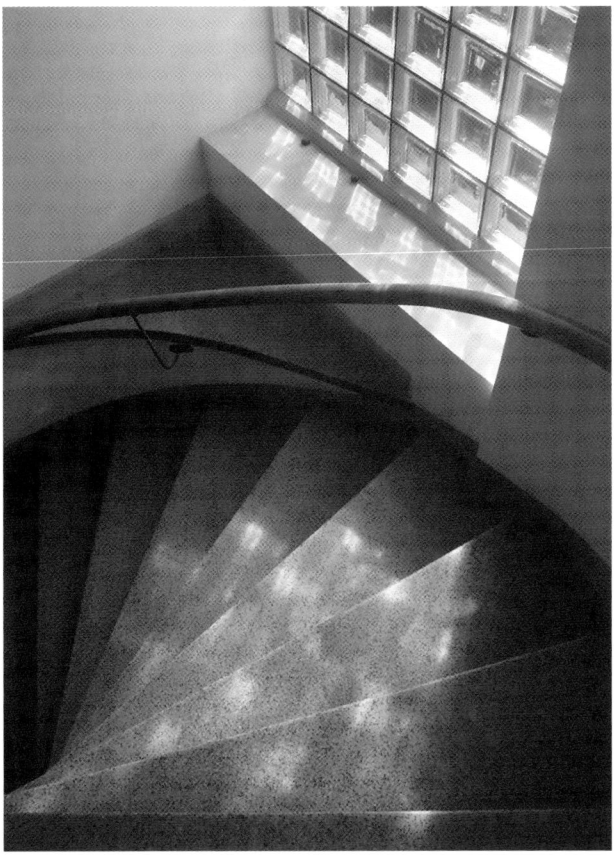

BILD TOBIAS HAGBERG

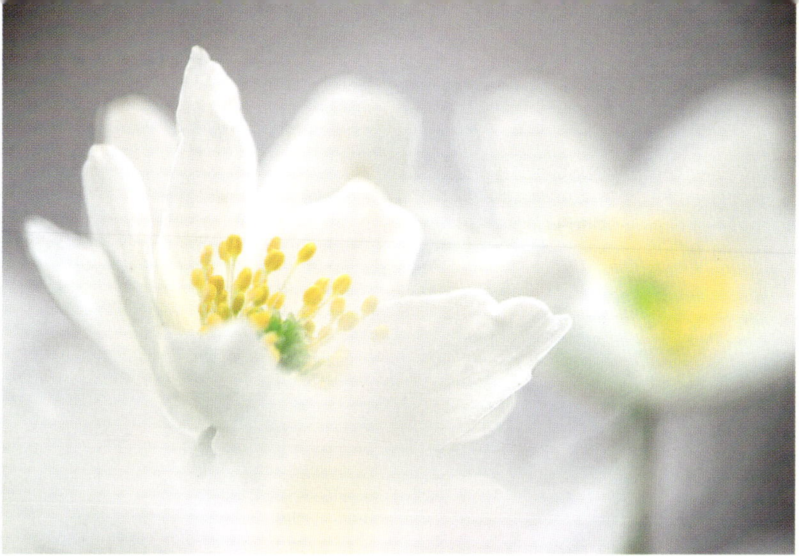

Ausgebrannte Bildpartien sind ein typisches Problem bei der Digitalfotografie, das sich aber durch besondere Sorgfalt vermeiden lässt.

30 Kontraste bewältigen

An einem sonnigen Tag ist es schwer, sowohl das weiße Hemd als auch die schwarze Hose im richtigen Farbton einzufangen. Der Grund dafür liegt darin, dass die Digitaltechnik einen geringeren Kontrastumfang hat als ein Negativfilm, weshalb geringe Lichtunterschiede nicht so detailliert wiedergegeben werden. Das wird vor allem an den hellsten und dunkelsten Stellen des Motivs sichtbar. Beim Fotografieren mit einer Digitalkamera ist ein fehlender Farbkontrast unwiederbringlich verloren, selbst das beste Bildbearbeitungsprogramm kann nichts daran ändern, wenn bei einem weißen Hemd alle Knöpfe unsichtbar geworden sind.

Man kann allerdings bereits auf dem Display der Kamera erkennen, ob das weiße Hemd nur noch als helle Masse ohne Kontraste erscheint oder nicht. Viele digitale Systemkameras haben sogar eine automatische Warnfunktion, bei der die Kamera mit schwarzen blinkenden Flecken anzeigt, dass bestimmte Partien des Bildes überbelichtet werden. In der Bedienungsanleitung Ihrer Kamera können Sie nachlesen, wie diese Funktion aktiviert wird.

Zur Korrektur dieses Problems gibt es folgende Alternativen:

Die Flecken ignorieren, weil die ausgeblichenen Partien für das Bild nicht so wichtig sind: Manchmal will man sogar, dass der Hintergrund ganz weiß wird, um so den Blick auf etwas Bestimmtes im Bild zu lenken.

Das Bild ein wenig unterbelichten, um aus den weißen Partien (Lichtern) mehr Detailzeichnung hervorzuholen: Dazu wird die Belichtungskorrekturfunktion der Kamera eingesetzt (siehe Tipp 25). Zunächst wird um –1 unterbelichtet, und gegebenenfalls korrigiert (um –1 1/3, falls dies zu wenig war, oder um –2/3, falls es zu viel war). Dabei gehen allerdings die Nuancen in den dunkelsten Schattenpartien verloren, weshalb man sich sicher sein sollte, welche Bildpartien einem am wichtigsten sind. Je nachdem entscheidet man sich für eine kontrastreichere Durchzeichnung der Lichter oder der Schatten.

BILD SEBASTIAN ROMERT

31 Einsatz der Graukarte

Bei einer Systemkamera kann man eine so genannte Graukarte statt einer Belichtungskorrektur (siehe Tipp 25) nutzen, um die Belichtung zu optimieren. Mithilfe einer solchen Graukarte, die es im Fotohandel zu kaufen gibt, lässt sich das Licht genau berechnen, weil die Graukarte exakt den mittleren Ton der Grauskala trifft, der auch auf dem Foto als mittlerer Tonwert erscheinen soll, egal, ob man in Farbe oder Schwarzweiß fotografiert. Beim Fotografieren einer weißen Schneelandschaft im Sonnenschein beispielsweise macht der weiße Schnee den Belichtungsmesser der Kamera glauben, es sei heller als es in Wirklichkeit ist. Misst man vor dem Fotografieren zunächst das Licht auf der Graukarte, liegen die mittleren Farbtöne auf dem Bild automatisch richtig und der Schnee sieht später tatsächlich weiß aus. Dazu hält man die Graukarte ein Stück vor die Kamera, sodass das gleiche Licht auf die Karte fällt wie auf das Motiv. Drückt man den Auslöser ein klein wenig herunter, kann man sehen, welche Belichtungszeit die richtige ist. Diese Belichtungszeit wird anschließend manuell eingestellt (siehe Bedienungsanleitung), die Graukarte beiseitegelegt und fotografiert.

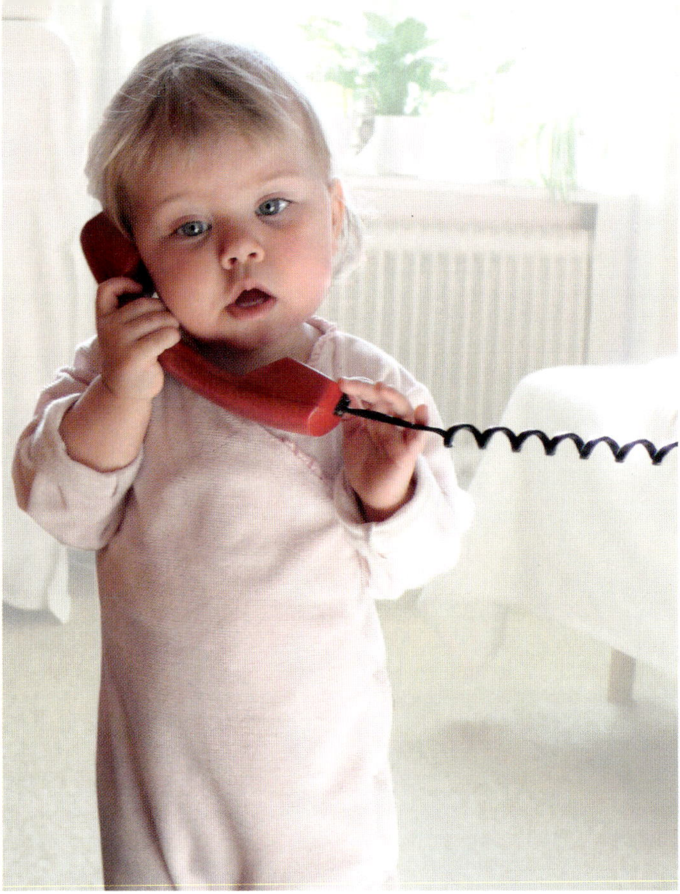

Ein High-Key-Porträt ist leicht und luftig, weil helle Farbtöne dominieren.

32 High-Key-Fotografie

Ein so genanntes High-Key-Bild ist ein Foto, in dem helle Töne dominieren und keine Schwärze vorkommt. Charakteristisch für solche Fotos ist, dass alles im Bild heller als Normalgrau ist. Bei High-Key-Porträts sollten Sie darauf achten, dass die Person helle Kleider trägt und auch der Hintergrund hell und ohne störende Details ist. Beleuchten Sie außerdem das Motiv mit Blitzlicht oder durch starkes Sonnenlicht, damit es überbelichtet erscheint.

Benutzen Sie die Belichtungskorrektur Ihrer Kamera (siehe Tipp 25 über helle Lichtverhältnisse) oder eine Graukarte (siehe Tipp 31), um eine korrekte Belichtung zu erhalten. Die vielen hellen Töne täuschen nämlich den Belichtungsmesser der Kamera und das Foto würde ohne entsprechende Maßnahmen unterbelichtet. Am besten testen Sie aus, welche verschiedenen Effekte Sie erzielen können. Sie können das Foto auch bewusst überbelichten, um den High-Key-Effekt zu verstärken. Seien Sie aber vorsichtig, dass nicht zu viele ausgebrannte Bildpunkte entstehen (siehe Tipp 30).

BILD ELIN RANTAKRANS

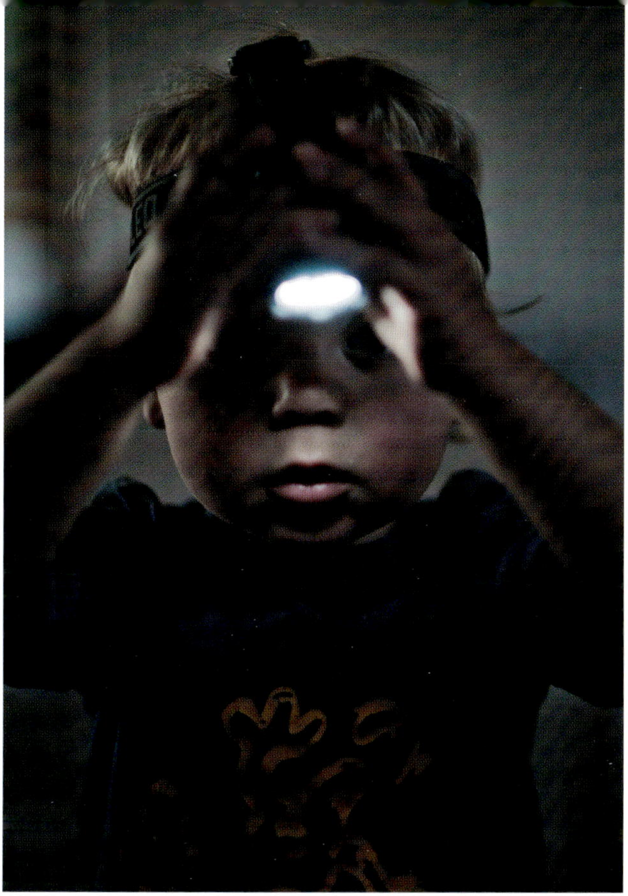

In einem Low-Key-Foto dominieren dunkle Farbtöne. Die Herausforderung besteht darin, dennoch alle Details wiederzugeben.

33 Low-Key-Fotografie

In Low-Key-Fotografien sind die Verhältnisse genau umgekehrt. Hier dominieren die dunklen Farbtöne und Schwarz. Folglich sollte die Person, die Sie fotografieren möchten, dunkle Kleidung tragen. Auch der Hintergrund sollte dunkel und möglichst störungsfrei sein. Beleuchten Sie die Person so, dass vor allem die Körperteile erhellt werden, die Sie betonen möchten, bei Porträtaufnahmen natürlich vor allem das Gesicht. Viele sinnliche Bilder sind Low-Key-Fotografien.

Jetzt belichten Sie auf Normalgrau (siehe Tipp 31 über die Graukarte). Die Kamera lässt sich bei starkem Licht genauso leicht täuschen wie bei schwachem Licht. Deshalb müssen Sie die Belichtung um ein paar Stufen korrigieren (siehe Tipp 25, Belichtungskorrektur bei dunklen Lichtverhältnissen). Auch hier gilt: Testen Sie verschiedene Belichtungen aus und überprüfen Sie die Wirkung auf dem Display. Sie können ein Low-Key-Foto auch unterbelichten, aber das Risiko ist groß, dass es unscharf wird, seien Sie also sehr genau bei der Einstellung, damit Sie eine hohe Farbbrillanz erhalten.

BILD KNUTH BERGHOLM

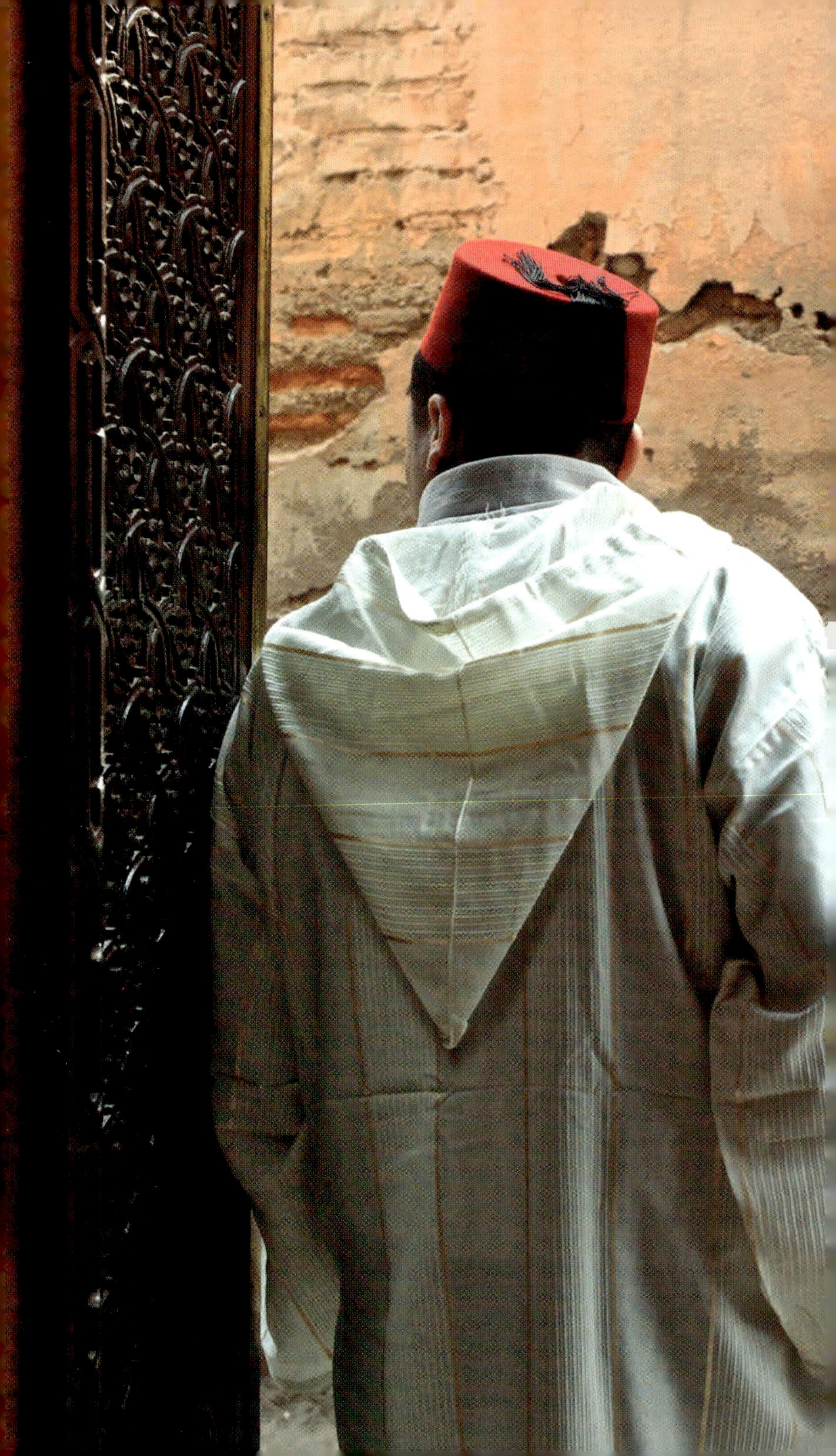

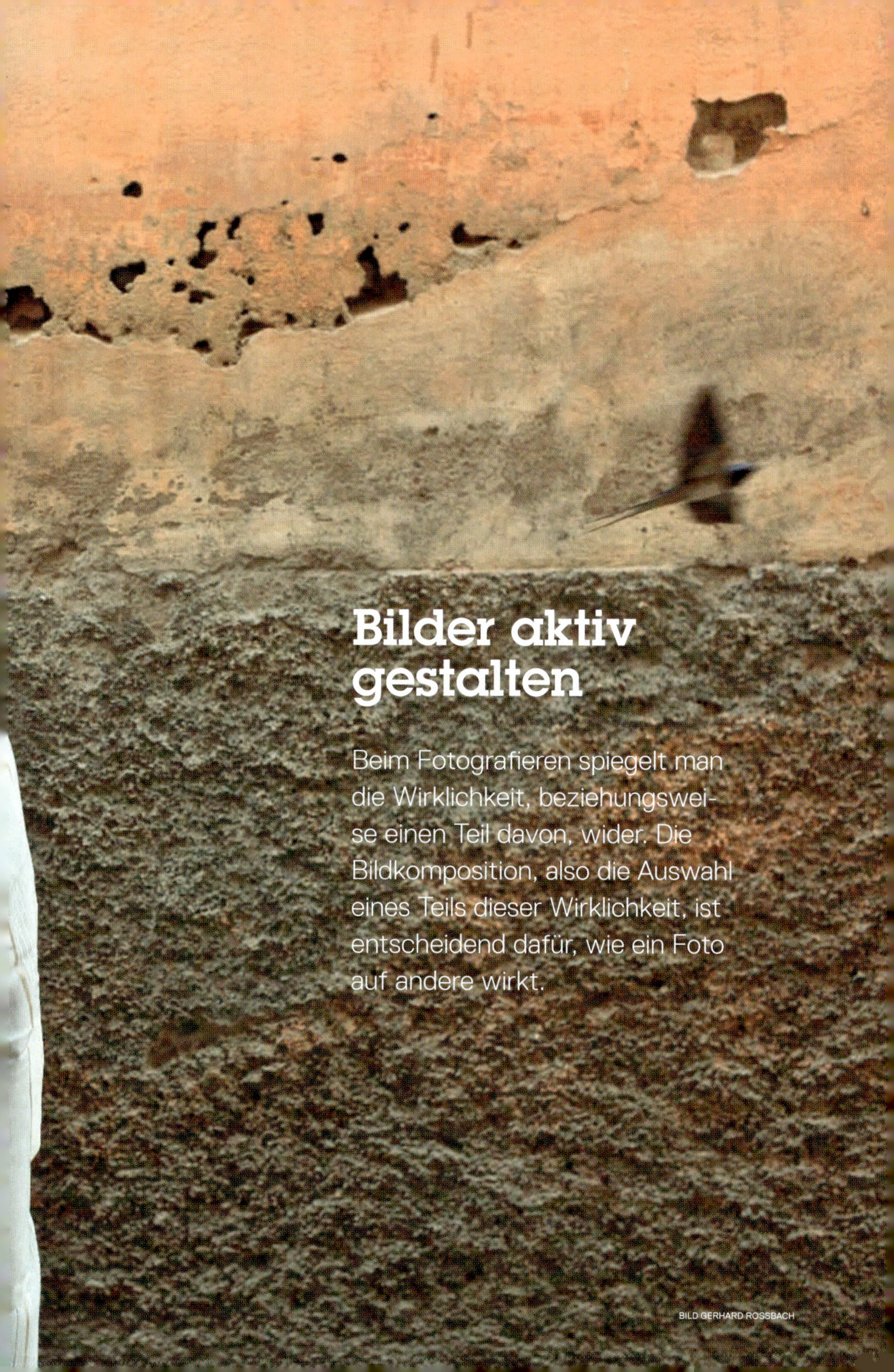

Bilder aktiv gestalten

Beim Fotografieren spiegelt man die Wirklichkeit, beziehungsweise einen Teil davon, wider. Die Bildkomposition, also die Auswahl eines Teils dieser Wirklichkeit, ist entscheidend dafür, wie ein Foto auf andere wirkt.

BILD GERHARD ROSSBACH

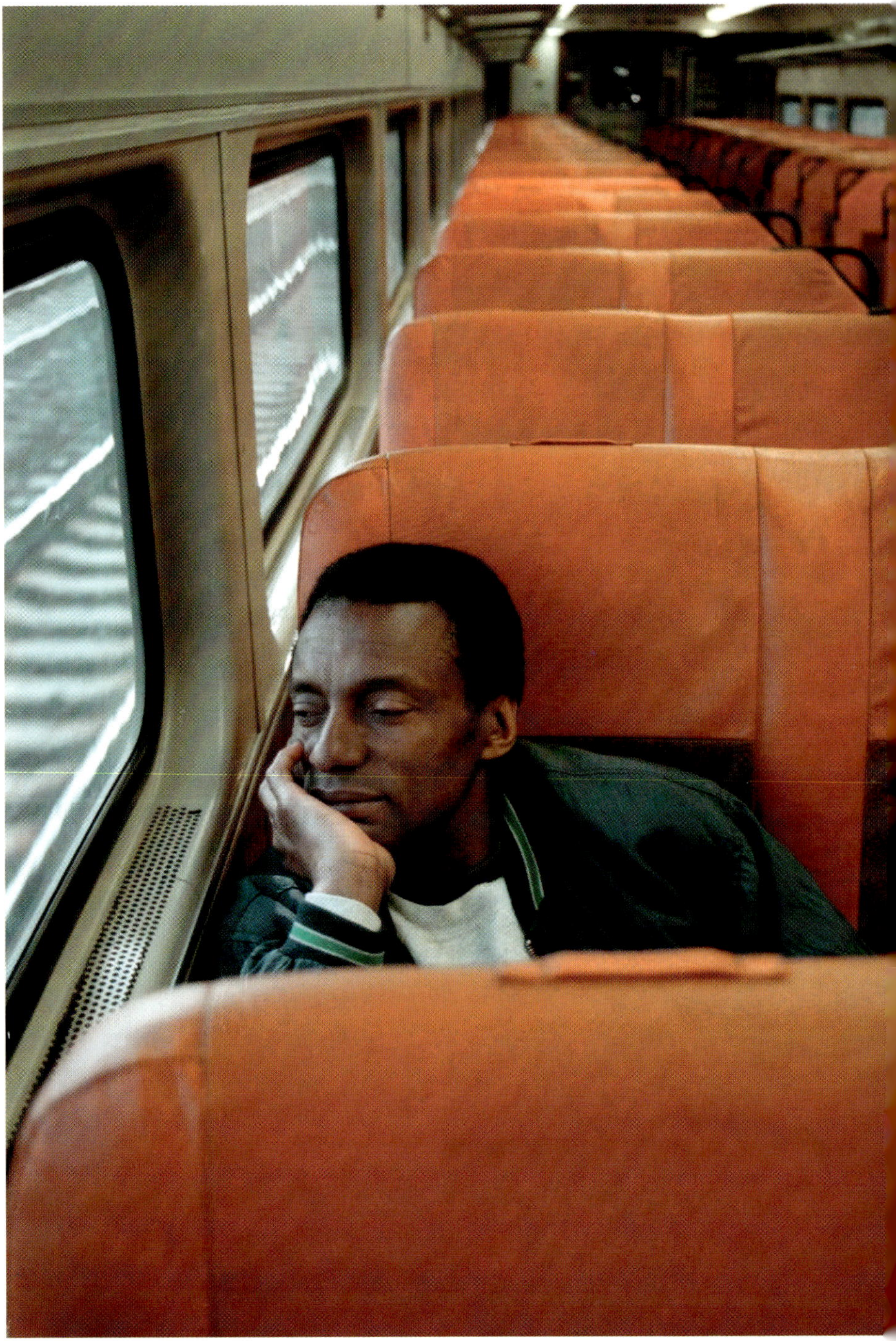

BILD ELIN RANTAKRANS

Die leeren Sitze im Zug von Philadelphia nach Atlantic City erzeugen ein rhythmisches Muster, das durch den einsamen Passagier durchbrochen wird.

34 Eine dynamische Bildkomposition

Eine Bildkomposition baut darauf auf, welche Elemente als Motiv für ein Bild ausgewählt werden und wie diese Elemente aufeinander wirken. Ziel eines guten Fotos ist es, das Auge des Betrachters einen Moment festzuhalten und über das Bild wandern zu lassen. Die Komposition trägt dazu bei, ein bestimmtes Element im Bild besonders zu betonen. Viele Fotografen wenden hierzu die so genannte Dreiteilungsregel an, bei der die Bildfläche imaginär durch drei vertikale und drei horizontale Linien in neun gleichgroße Flächen eingeteilt wird. Bei einigen Kameras ist dieses Kästchenmuster sogar auf dem Display oder im Sucher zu sehen. Liegt das Motiv nun auf einer dieser Linien oder auf einem der Schnittpunkte, wird es als besonders wichtig im Bild empfunden. Es gibt aber keine Faustregel für alle Fotosituationen, deshalb hilft nur eins, um herauszufinden, was funktioniert und was nicht: Viel fotografieren!

35 Muster und Farben erkennen

Auffallend oft sind es rhythmische Muster oder Strukturen, die den Unterschied zwischen einem guten und einem schlechten Bild ausmachen. Das Motiv kann dabei ganz einfach sein, wie zum Beispiel abblätternde Farbe auf einer rauen Steinwand, ein Farbkontrast oder ein einzelnes Detail, das aus dem Bild heraussticht und den Rhythmus des Bildes unterbricht.

Eine zufällige Lücke im Menschenmeer vor dem Kolosseum in Rom – Mutter und Kind auf effektvollem Untergrund.

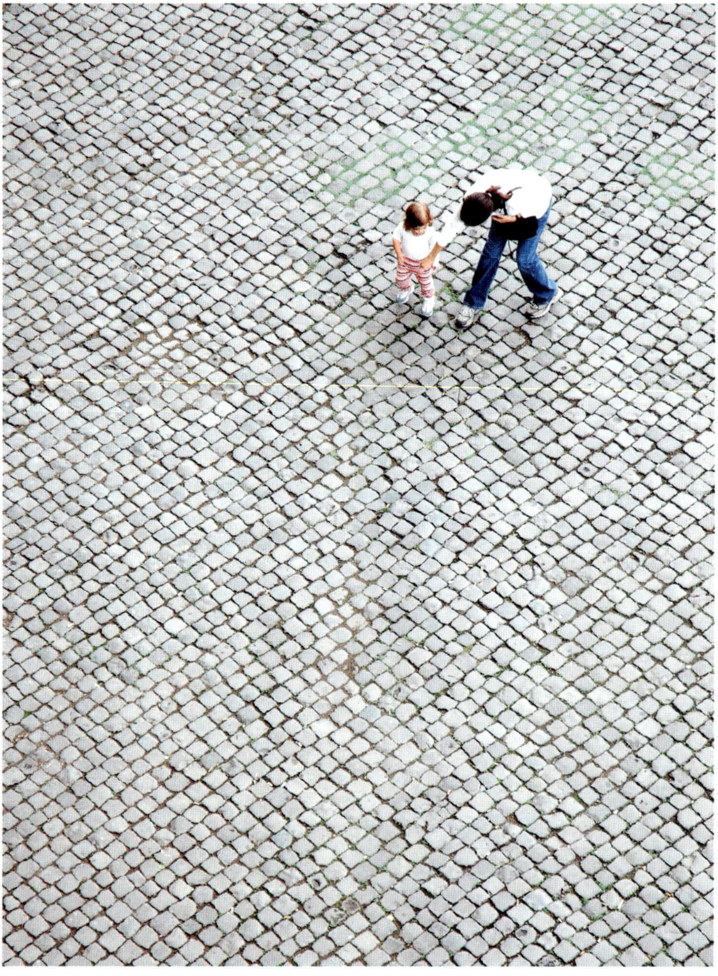

BILD TOBIAS HAGBERG

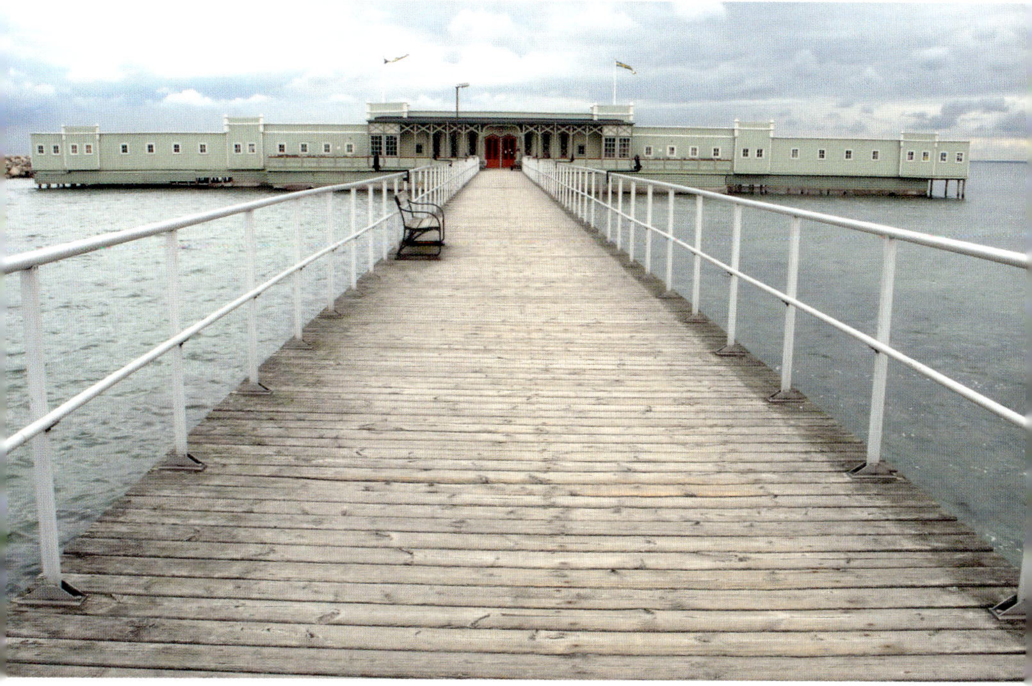

Das Ribergsborgs-Schwimmbad im südschwedischen Malmö. Die formelle Komposition zieht den Blick auf die Bildmitte.

36 Der richtige Blickwinkel

Linien geben dem zweidimensionalen Bild Perspektive und Tiefe. Fotografiert man aus Augenhöhe, wirkt das dezent und funktioniert praktisch immer, es kann allerdings schnell langweilig werden, alles und jeden so abzulichten. Die Vogelperspektive, bei der man auf das Motiv herunterschaut, verkleinert und kann herablassend wirken, während die Froschperspektive mit dem Blick von unten ein Motiv optisch vergrößert. Die richtige Perspektive ist besonders wichtig, wenn man Gebäude oder Stadtlandschaften fotografiert. Um dem Foto Tiefe zu verleihen, sollte man nicht direkt vor dem Motiv stehen, sondern ein wenig seitlich davon.

Bei Gebäudefotos ist auch das Licht wichtig: Ein etwas härteres Sonnenlicht betont architektonische Details und erzeugt Volumen, während diffuses Licht flach macht und ein Gebäude nichtssagend erscheinen lässt. Ein bewölkter Tag kann hingegen andere Qualitäten des Gebäudes hervorheben, wie beispielsweise dessen Farben oder die vorherrschende Stimmung.

BILD ELIN RANTAKRANS

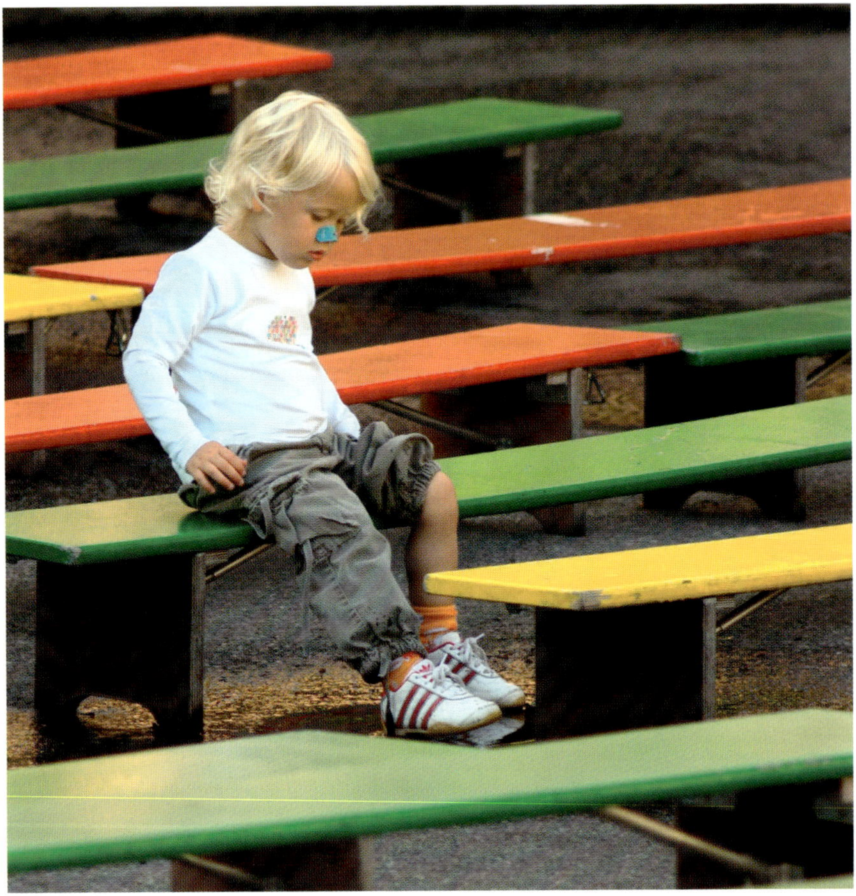

Gehen Sie näher an ein Motiv heran oder verwenden Sie ein Teleobjektiv, so gelingen Ihnen auch im Durcheinander von Details einfache und klare Bilder. Im Vergnügungspark Gröna Lund, Stockholm.

37 Das Wichtigste betonen

Will man ein Detail im Bild besonders betonen, kann es ganz weit vorne in der Bildkomposition platziert, isoliert oder durch Licht hervorgehoben werden. Fotografiert man beispielsweise die Akropolis mit einem winzig kleinen Menschen davor, so ist der Mensch wohl kaum das Wichtigste auf dem Foto, sondern vielmehr ein Hilfsmittel, um zu zeigen, wie groß das Gebäude ist. Ist hingegen der Mensch wichtiger als das Gebäude, platziert man ihn näher vor die Kamera, sodass die Akropolis zum Hintergrund wird statt zum Hauptmotiv.

Noch ein Tipp: Unser Blick wird automatisch von Schrift angezogen. Passen Sie also auf, wenn Sie ein Reklameschild oder ein T-Shirt mit Textaufdruck im Bild haben, weil der Betrachter des Fotos immer zuerst den Text lesen wird, bevor er den Rest des Bildes wahrnimmt.

BILD TOBIAS HAGBERG

38 Details entdecken

Ein kleines Detail kann viel erzählen. Fotografiert man eine ganze Hausfassade, kommt die Besonderheit des Gebäudes möglicherweise gar nicht zur Geltung. Ein Detail kann indes exemplarisch für das Ganze stehen. Anstatt große Motive mit dem Weitwinkelobjektiv aus entsprechender Entfernung aufzunehmen, kann man sein Bild auch im Kleinen finden. Richten Sie Ihren Blick ab und zu nach unten oder gehen Sie ganz nah an ein Motiv heran. Lassen Sie das Unwichtige einfach weg und fokussieren Sie auf das, was Sie mit Ihrem Bild aussagen möchten.

Durch Heranzoomen des Motivs entsteht ein intimerer und offenerer Eindruck, als wenn man das gesamte Gebäude von Weitem fotografiert hätte.

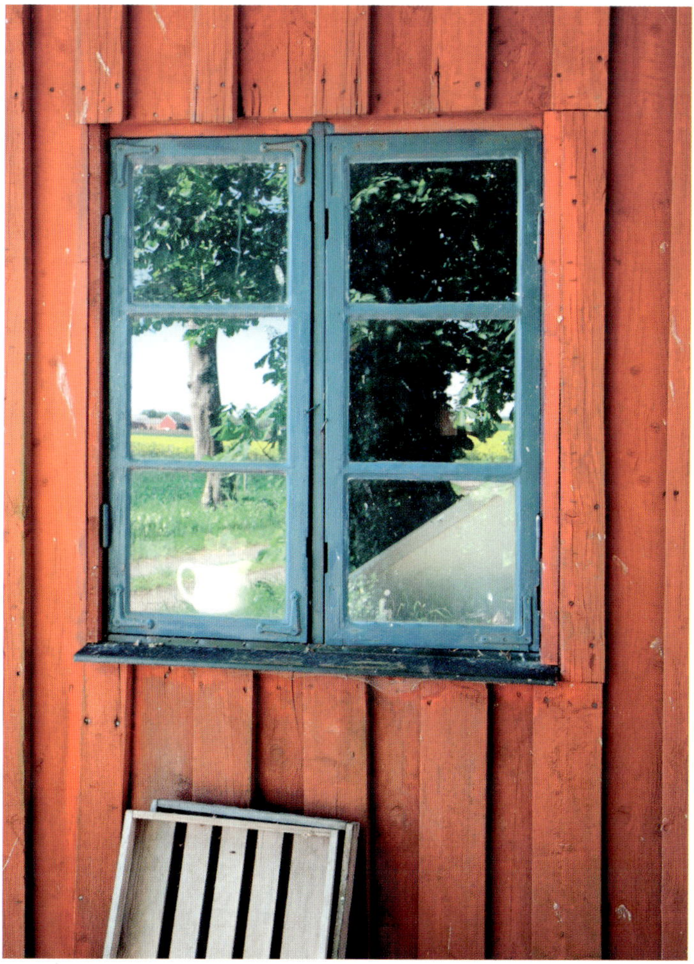

BILD ELIN RANTAKRANS

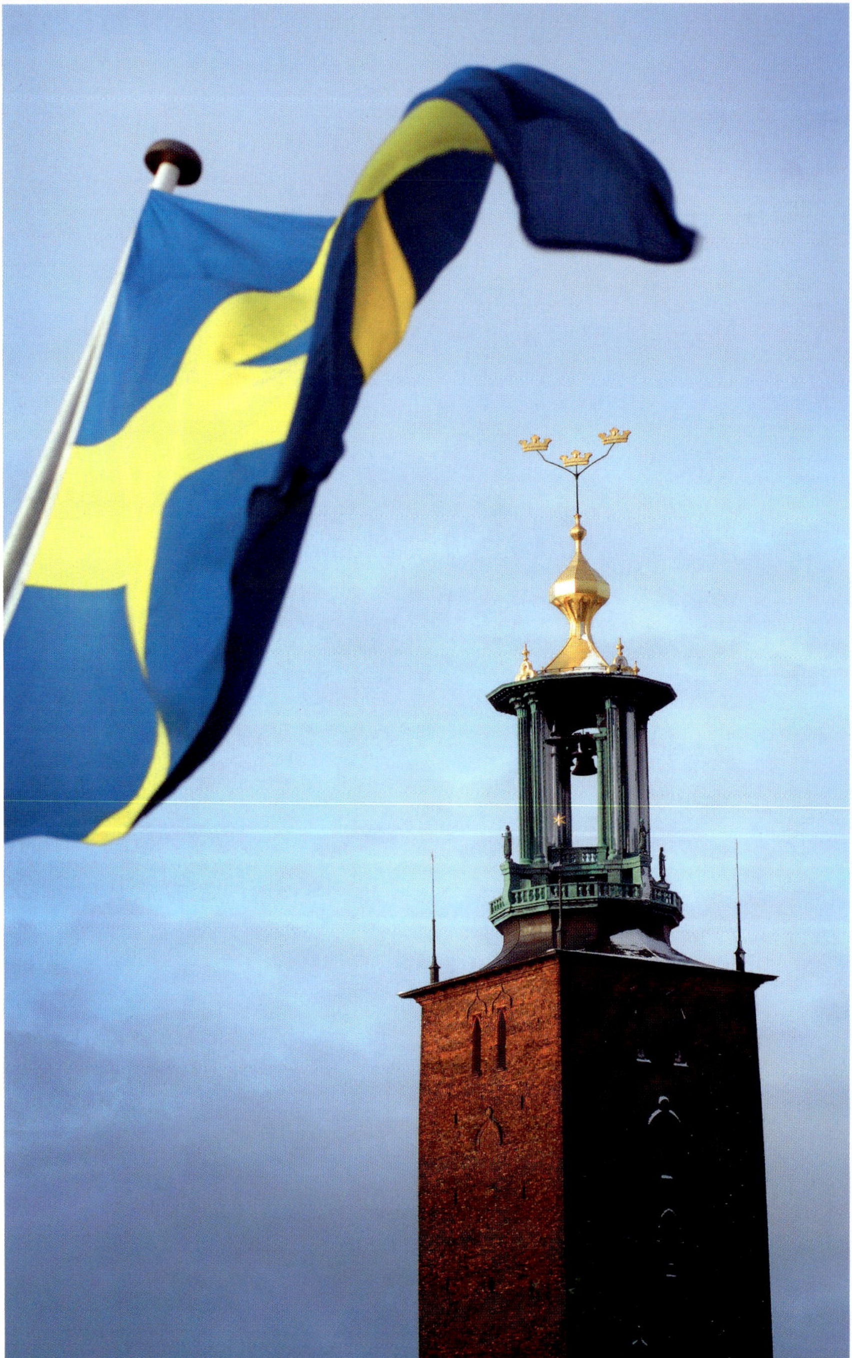

BILD HASSE HOLMBERG

Bei häufig fotografierten Motiven sollten Sie die Gelegenheit nutzen, vorab die Bilder anderer Fotografen zu studieren und sich zu überlegen, was Ihnen an diesen Fotos gefällt. Vielleicht entdecken Sie einen ganz persönlichen Blickwinkel auf das Motiv?

39 Bekannte Motive fotografieren

Bekannte Touristenattraktionen wurden schon Tausende Male abgelichtet. Es ist also leicht, aus den Bildern anderer Fotografen zu lernen, wenn man sich dasselbe Motiv vornimmt. In Fotobüchern oder auf Postkarten lassen sich Tausende von Fotos finden. Lassen Sie sich inspirieren. Es ist völlig legitim, von den Bildideen anderer auszugehen – solange diese gut sind. Ansonsten muss man ja nicht die gleichen Fehler machen. Um seine eigene Bildsprache zu finden, lohnt es sich, zuerst darüber nachzudenken, was einem an einem Bild gefällt und was nicht.

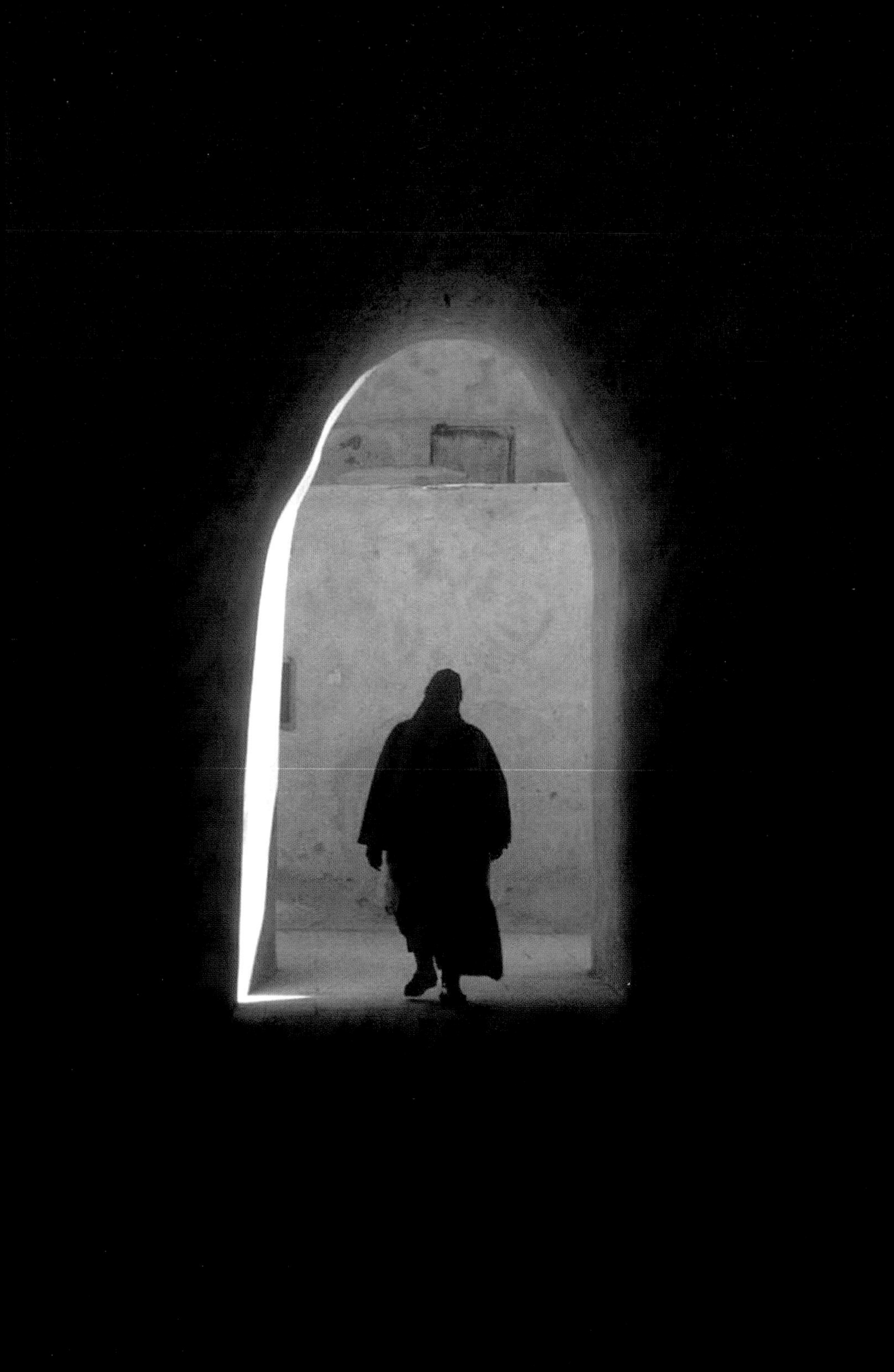

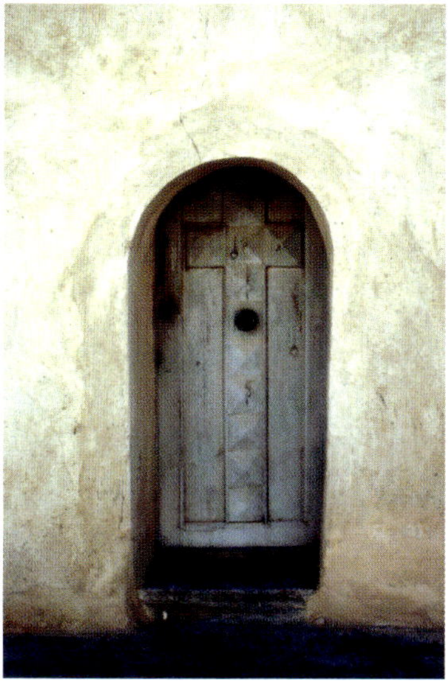
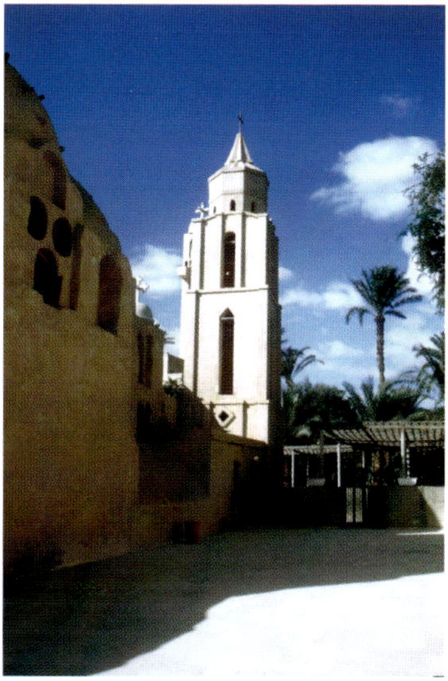

Die drei Bilder eines Klosters in Wadi Natrum, Ägypten, vermitteln ein Gefühl der Ruhe und Harmonie. Unterschiedliche Perspektiven lassen die Geschichte dokumentarisch wirken.

40 Erzählen Sie eine Geschichte

Bilder können eine zusätzliche Bedeutung erhalten, wenn sie zu ganzen Bilderserien zusammengestellt werden. Dazu werden mehrere Fotos mit unterschiedlichen Blickwinkeln vom gleichen Motiv oder Thema gemacht, die einzeln betrachtet vielleicht nicht viel aussagen, gemeinsam jedoch eine Einheit bilden. Man kann dabei wie ein Regisseur agieren und kleine Szenen mit zusätzlichen Requisiten wie Uhren, Taschenlampen oder Sonstigem schaffen. Das funktioniert sowohl drinnen als auch draußen. Soll eine Geschichte einen dokumentarischen Charakter erhalten, geht das am einfachsten, wenn mehrere Fotos aus unterschiedlichen Perspektiven zusammengestellt werden, wie im Beispiel oben. Ein Bild der Serie ist eine Detailaufnahme aus nächster Nähe, hier eine einfache Tür mit einem Kreuz darauf. Das Bild des Mönchs im Klostergang gibt eine etwas breitere Perspektive und das dritte Foto der Außenansicht des Klosters zeigt das Thema in seiner Gesamtheit.

Wichtig ist, dass Sie sich trauen, die Perspektive zu wechseln und sich dem Motiv anzunähern. Sammeln Sie Ideen, was Sie mit Ihren Bildern erzählen möchten.

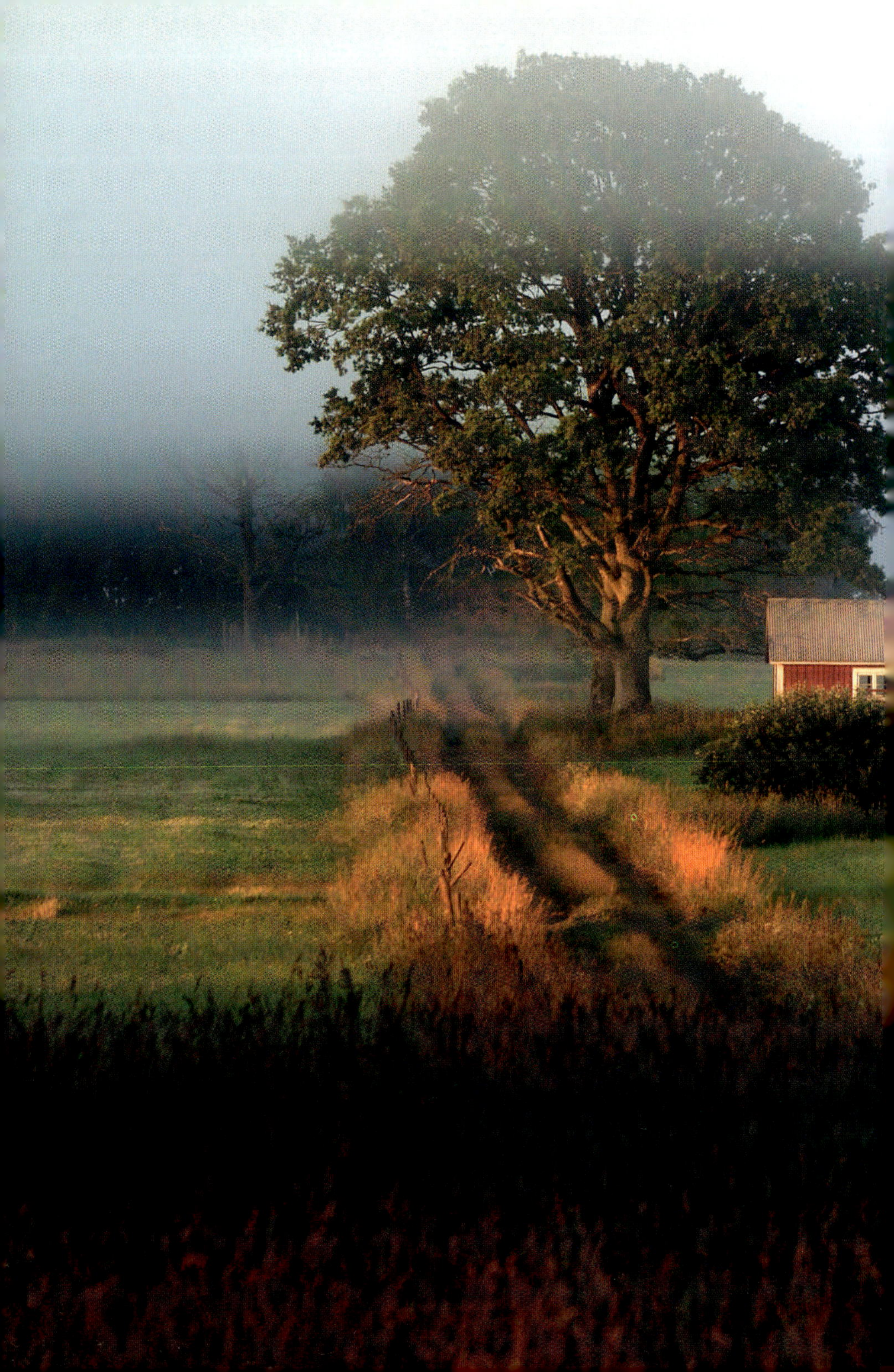

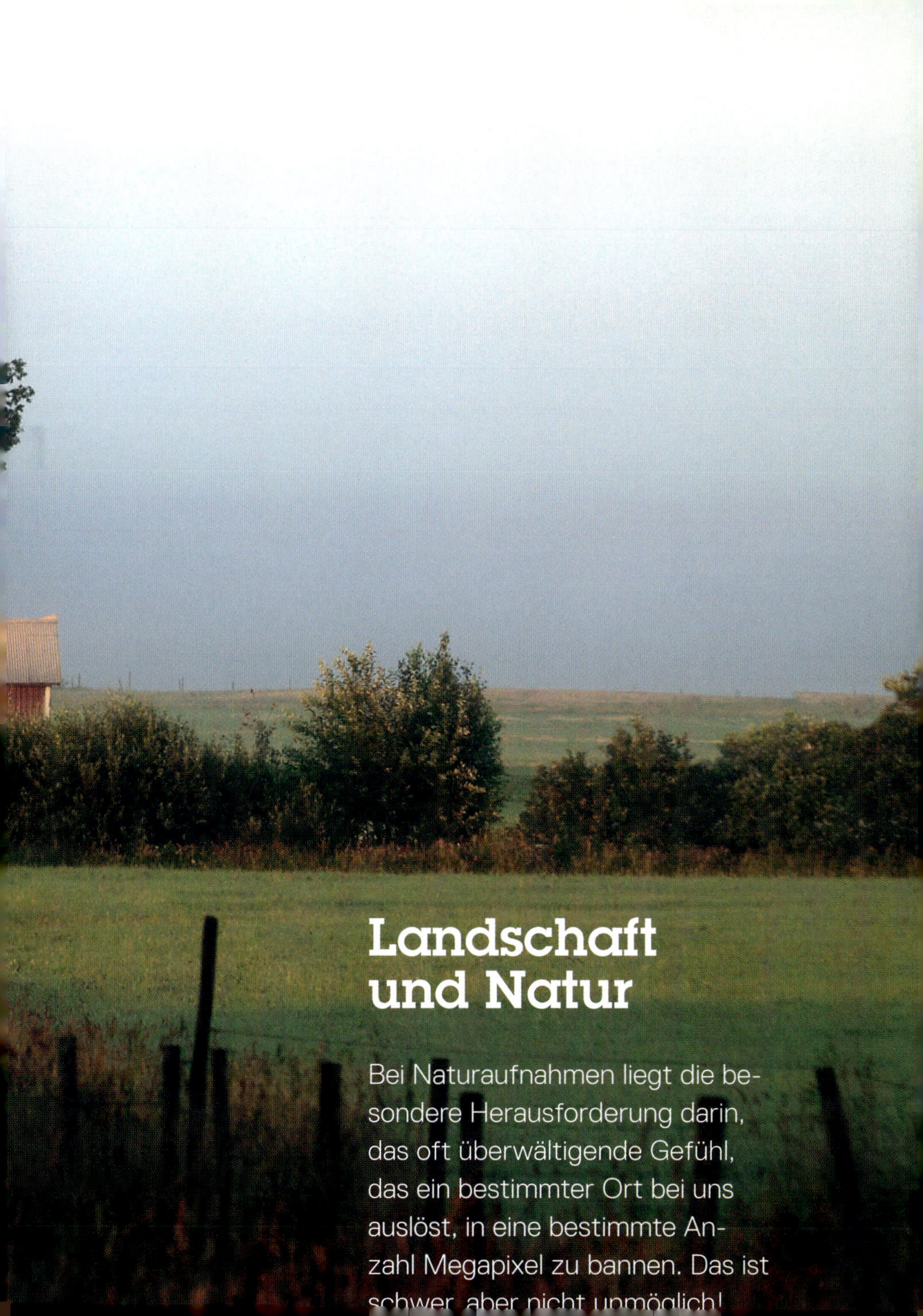

Landschaft und Natur

Bei Naturaufnahmen liegt die besondere Herausforderung darin, das oft überwältigende Gefühl, das ein bestimmter Ort bei uns auslöst, in eine bestimmte Anzahl Megapixel zu bannen. Das ist schwer, aber nicht unmöglich!

41 Tiefe in eine Landschaft zaubern

Damit ein Foto das gewisse Etwas erhält, müssen eine Reihe von Faktoren bedacht werden, wie Bildkomposition, Licht und Schärfe. Um einem Landschaftsbild Tiefe zu verleihen, kann man zum Beispiel ein Objekt im Vordergrund, beispielsweise einen herabhängenden Zweig oder ein paar Steinblöcke, mit aufs Foto nehmen. Auf diese Weise wandert das Auge über die Bildfläche und verweilt länger auf dem Foto. Hohe Schärfentiefe wird erreicht, indem man eine kleine Blende und ein Weitwinkelobjektiv verwendet. Gleichzeitig gilt es, an die Formen in der Landschaft, die Farben und die Ausleuchtung der verschiedenen Bereiche der Landschaft durch die Sonne zu denken. Unmittelbar nach einem Regenschauer bietet der Himmel oft einen dramatischen und spektakulären Hintergrund, wenn zum Beispiel die ersten Sonnenstrahlen durch die dunkle, graue Wolkendecke brechen. All dies trägt zur Tiefe und Dynamik eines Bildes bei.

Die wohl wichtigsten Voraussetzungen für gelungene Landschaftsbilder sind der Einsatz eines Stativs für maximale Schärfentiefe sowie einer guten Gegenlichtblende am Objektiv. Achten Sie außerdem immer darauf, dass der Horizont waagerecht verläuft, sonst kippt die Landschaft seitlich weg und das Bild ist ruiniert.

Die fantastische Sandstein- und Granitlandschaft in der Wadi-Rum-Wüste in Jordanien: mit einem Polarisationsfilter vor dem Objektiv wurde der blaue Himmel effektvoll verstärkt.

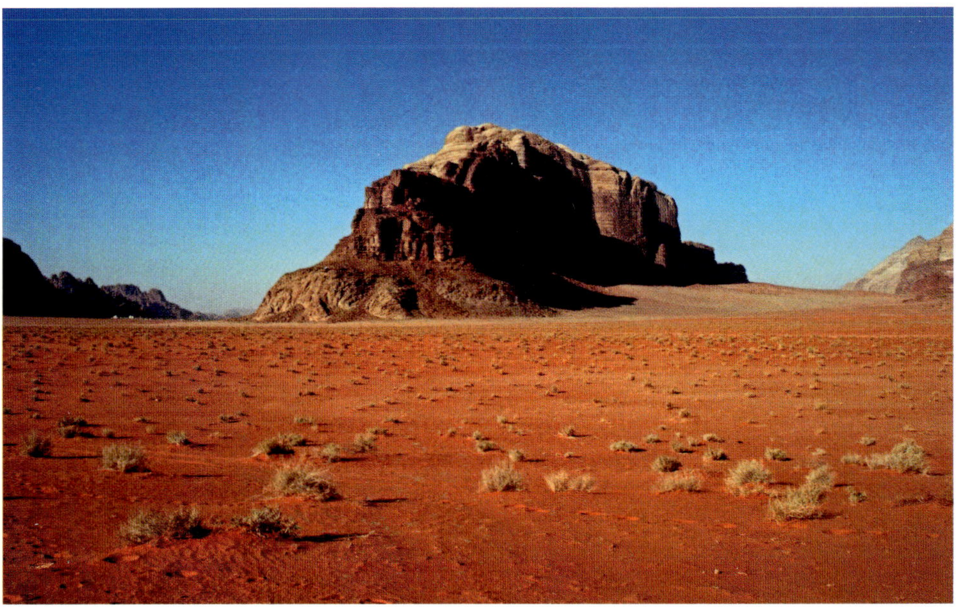

BILD ELIN RANTAKRANS

Eine Kompaktkamera hat den Vorteil, dass man sie immer mit dabei haben kann, falls sich plötzlich ein besonderer Augenblick auftut. Bjärred, Südschweden.

42 Einen dramatischen Himmel gestalten

Damit die Wolken wie weiche Watteballchen und nicht wie leere, weiße Flächen aussehen, sollte ein Grauverlauffilter (auch GND-Filter genannt) vor das Objektiv geschraubt werden. Dieser Filter ist stufenlos von neutralem Grau bis komplett durchsichtig getönt, wodurch das Licht des Himmels abgetönt werden kann, das Licht in der unteren Hälfte jedoch unverändert bleibt. Dadurch erscheinen sowohl die Farben der Wolken, als auch die Schatten natürlich.

Um Spiegelungen in Fenstern, Metall oder Wasser zu vermeiden, kann ein Polarisationsfilter vor das Objektiv montiert werden. Durch leichtes Drehen des Filters wird das Risiko für unerwünschte Reflexe minimiert. Außerdem bewirkt der Filter, dass die Farben satter aussehen und ein wundervoll knallblauer Himmel entsteht, wie auf Profifotos.

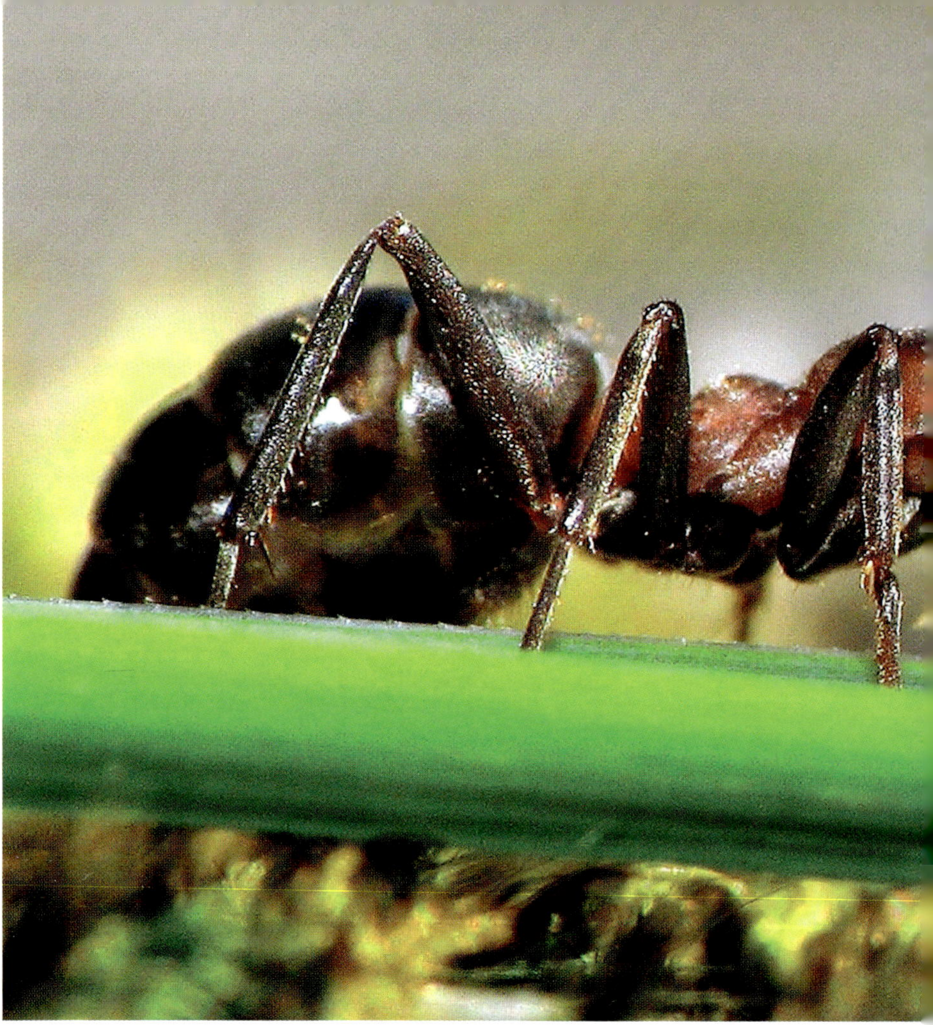

43 Naturbilder, die echt wirken

Kleine schwarze Ameisen, die den Waldweg entlang hasten, Licht, das durch die Blätter der Bäume tanzt, und schroffe Steine, die warm in der Sonne liegen: Wo man auch hinschaut, überall gibt es etwas zu fotografieren. Man sollte sich Zeit nehmen, die Natur und deren Muster, Farben, Formen und Bewohner zu betrachten. Die besten Bilder gibt es häufig zu entdecken, wenn man am wenigsten damit rechnet.

Damit die Bilder wirklich scharf werden, wird ein Stativ benötigt, am besten eines, das auch auf Bodenhöhe eingesetzt werden kann und nicht nur auf Augenhöhe. Alternativ funktioniert auch ein kleines Tischstativ.

Machen Sie sich außerdem das vorhandene Licht zunutze. Ein einfaches weißes Blatt Papier oder die weiße Rückseite einer Graukarte als Reflektor eingesetzt, hellt

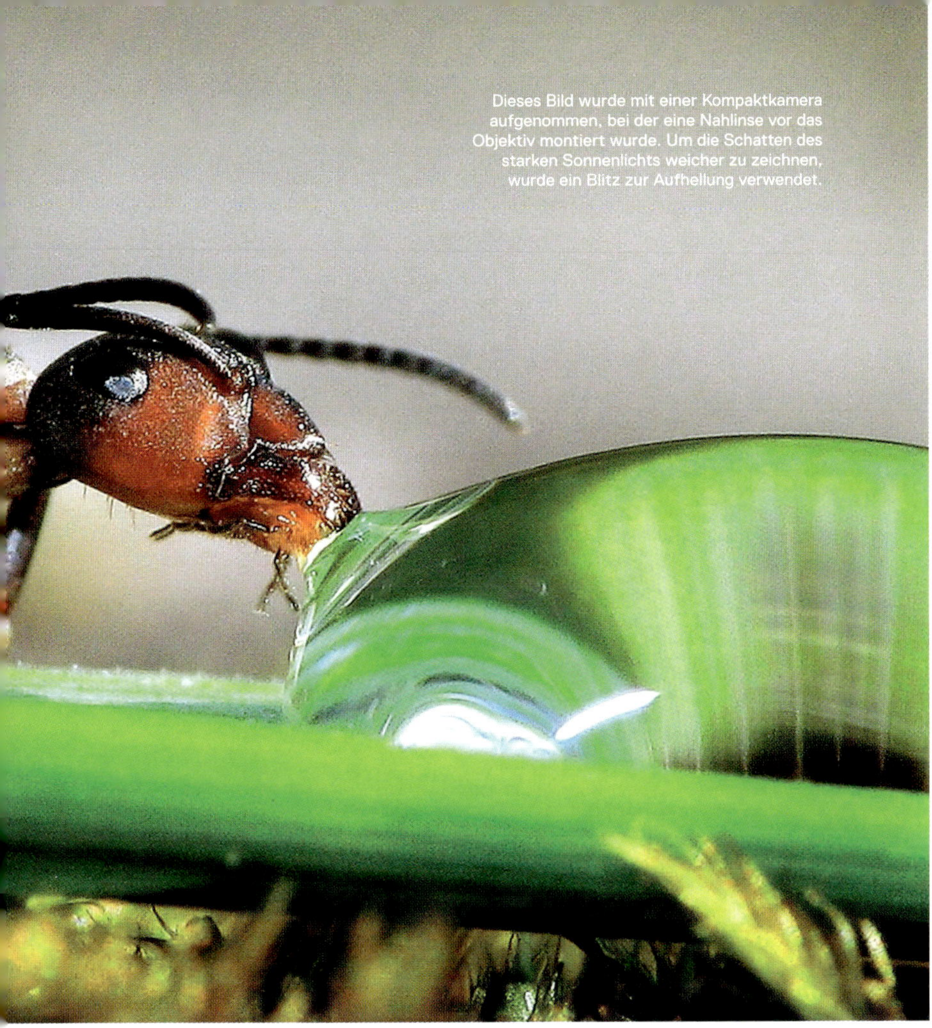

Dieses Bild wurde mit einer Kompaktkamera aufgenommen, bei der eine Nahlinse vor das Objektiv montiert wurde. Um die Schatten des starken Sonnenlichts weicher zu zeichnen, wurde ein Blitz zur Aufhellung verwendet.

die Schatten von unbeweglichen Motiven auf. Um Bewegungen einzufrieren, wird Blitzlicht verwendet, zum Beispiel wenn sich ein Schmetterling rasch von Blüte zu Blüte bewegt. Bei Nahaufnahmen kann das Blitzen schwierig werden, weil der Belichtungsmesser unter Umständen nicht mehr die korrekte Belichtungszeit errechnen kann. Das Problem lässt sich aber dadurch lösen, dass man mehrere Bilder des gleichen Motivs mit unterschiedlicher Belichtung aufnimmt (eine sog. Belichtungsreihe), einmal normal, entsprechend der Belichtungsmessung, einmal überbelichtet und einmal unterbelichtet. So ist sichergestellt, dass wenigstens eins der Bilder richtig belichtet wird.

Ein Teleobjektiv benötigt man beispielsweise zum Fotografieren von wild lebenden Tieren, wenn man sich nicht zu sehr aufdrängen möchte. Hier gilt: je besser die Optik, desto teurer das Objektiv. Für denjenigen, der viel in der Natur fotografieren möchte, ist ein Teleobjektiv unentbehrlich.

BILD SEBASTIAN ROMERT

Beim Fotografieren von Tieren sollte man viel Geduld aufbringen und sich mit einer großen Speicherkarte ausstatten.

44 Gelungene Tieraufnahmen

Tiere sind immer ein dankbares Motiv, das Problem jedoch ist, dass sie sich eigentlich nicht so gerne fotografieren lassen. Deshalb sollte man viel Geduld aufbringen und sich mit einer Speicherkarte mit hoher Kapazität ausrüsten. Bei Außenaufnahmen arbeitet man am besten mit einer möglichst kurzen Belichtungszeit, denn Tiere sind unberechenbar und bewegen sich, wenn man es am wenigsten gebrauchen kann. Die besten Lichtverhältnisse sind natürliches Licht, denn Tiere mögen keine harten Blitze und tendieren dazu, die Augen zu schließen, oder in Angst zu fliehen.

Bei Aufnahmen von Haustieren in geschlossenen Räumen wird ein externes Blitzgerät verwendet, dessen Reflektor nach oben in Richtung Decke gedreht werden kann. Das auf diese Art indirekt von der Decke reflektierte Licht sorgt für eine weichere Ausleuchtung des Motivs. Weiches Licht kann auch beim direkten Blitzen erzeugt werden, indem ein Diffusor auf den Blitzreflektor gestülpt wird (siehe Tipp 57). Solche Bilder gelingen am besten vor einem einfachen, neutralen Hintergrund, vielleicht der Lieblingsdecke des Haustieres oder einer Sofaecke.

BILD TOBIAS HAGBERG

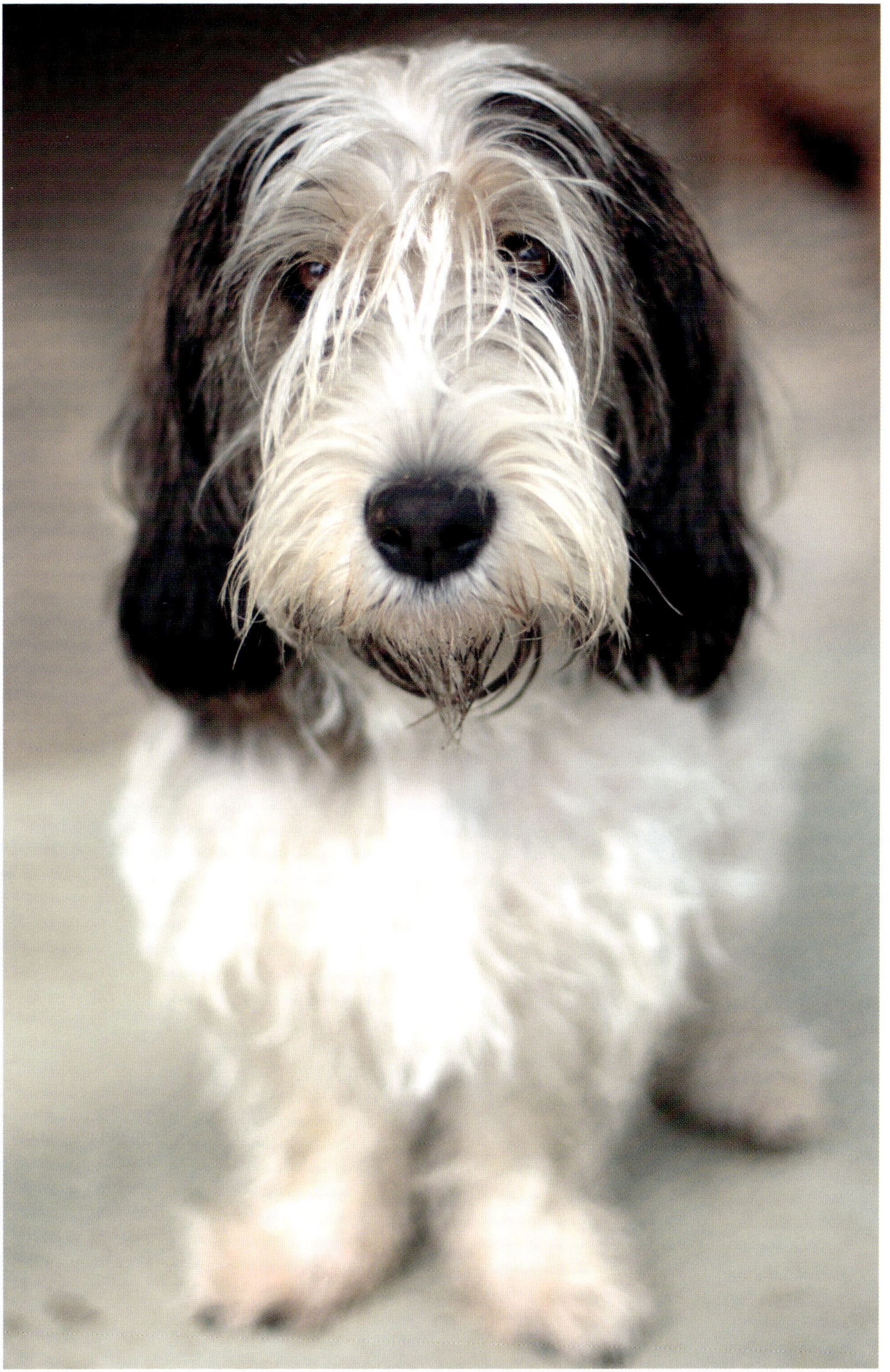

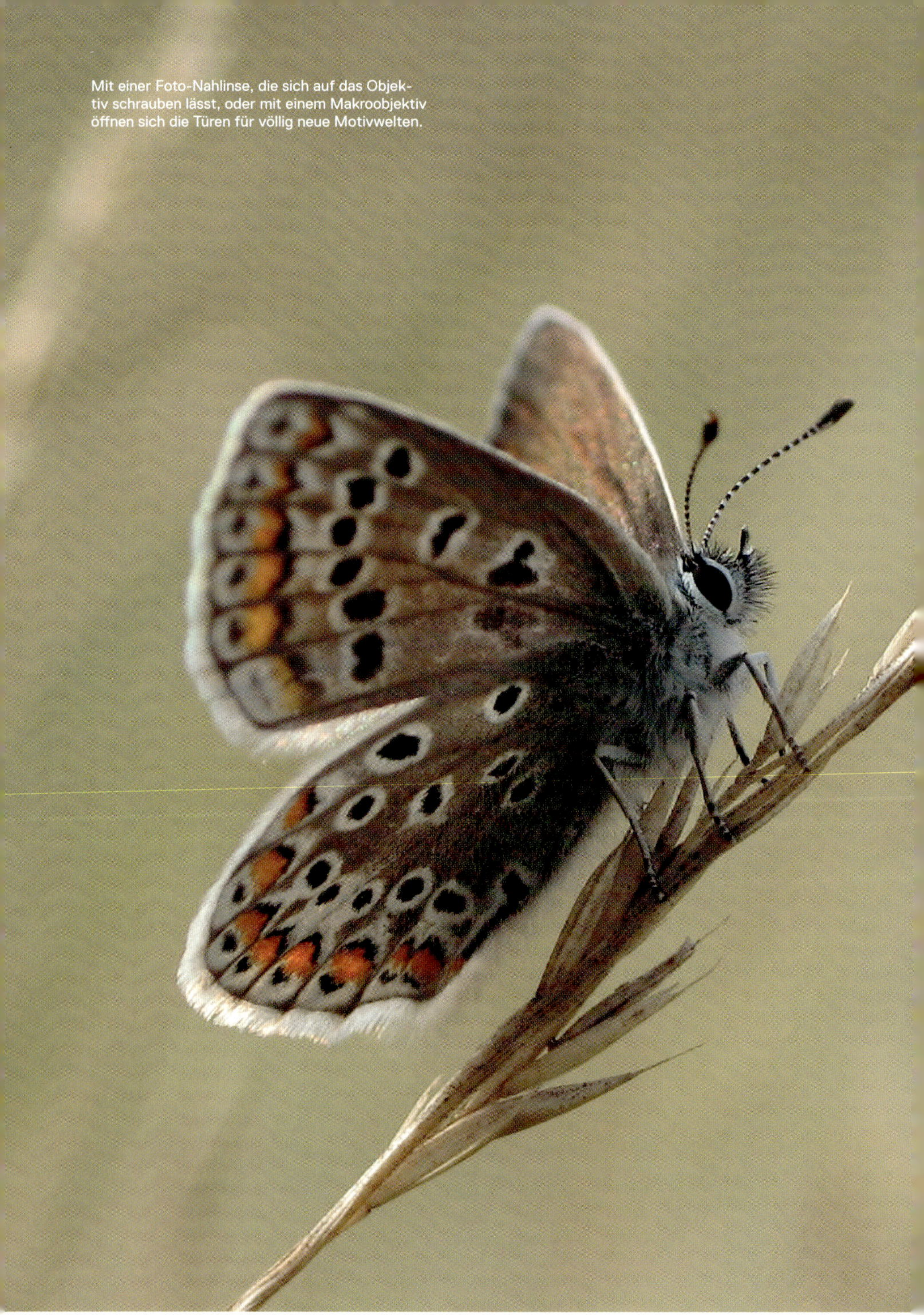

Mit einer Foto-Nahlinse, die sich auf das Objektiv schrauben lässt, oder mit einem Makroobjektiv öffnen sich die Türen für völlig neue Motivwelten.

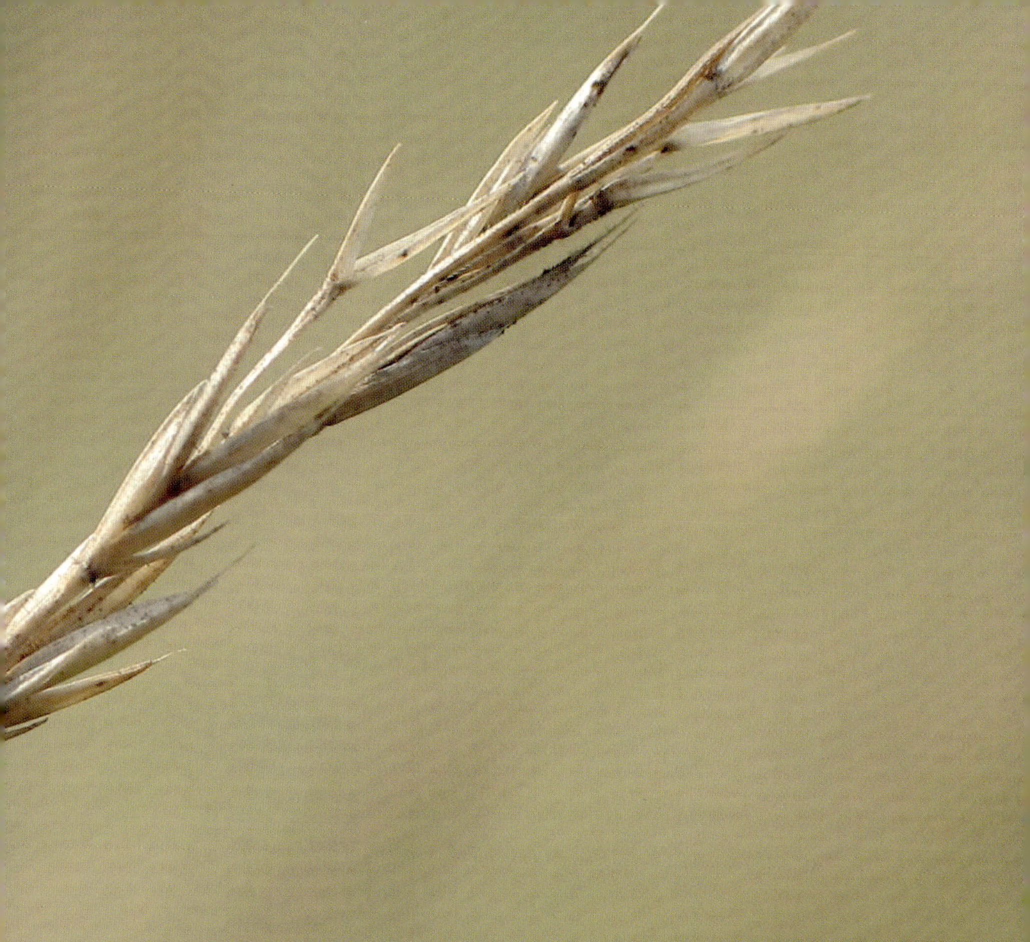

45 Richtig nah herangehen

Wenn Sie sich nicht vor Riesenameisen und Riesenspinnen fürchten oder ekeln, dann gibt es eine völlig neue Welt zu entdecken, nämlich die Makroperspektive. Makrobilder sind extreme Nahaufnahmen, die ein einzelnes Detail, wie Farbe oder Form isolieren und im Bild dominieren lassen. Sollte das Objektiv Ihrer Kamera nicht makrofähig sein, können Sie auf relativ günstige Foto-Nahlinsen, die wie ein Filter auf das Objektiv geschraubt werden, oder spezielle Makroobjektive zurückgreifen, die es für Systemkameras zu kaufen gibt. Damit kann man richtig nah an das Motiv herangehen, allerdings zu dem Preis, dass mit zunehmendem Abbildungsmaßstab die Schärfentiefe abnimmt. Es ist dann unmöglich, alles im Bild scharf zu stellen, weshalb das Hauptmotiv bewusst ausgewählt werden muss. Außerdem geht ein Teil des Lichts verloren, wenn eine Nahlinse verwendet wird. Man sollte sich also auf eine etwas längere Belichtungszeit als gewöhnlich einstellen.

BILD SEBASTIAN ROMERT

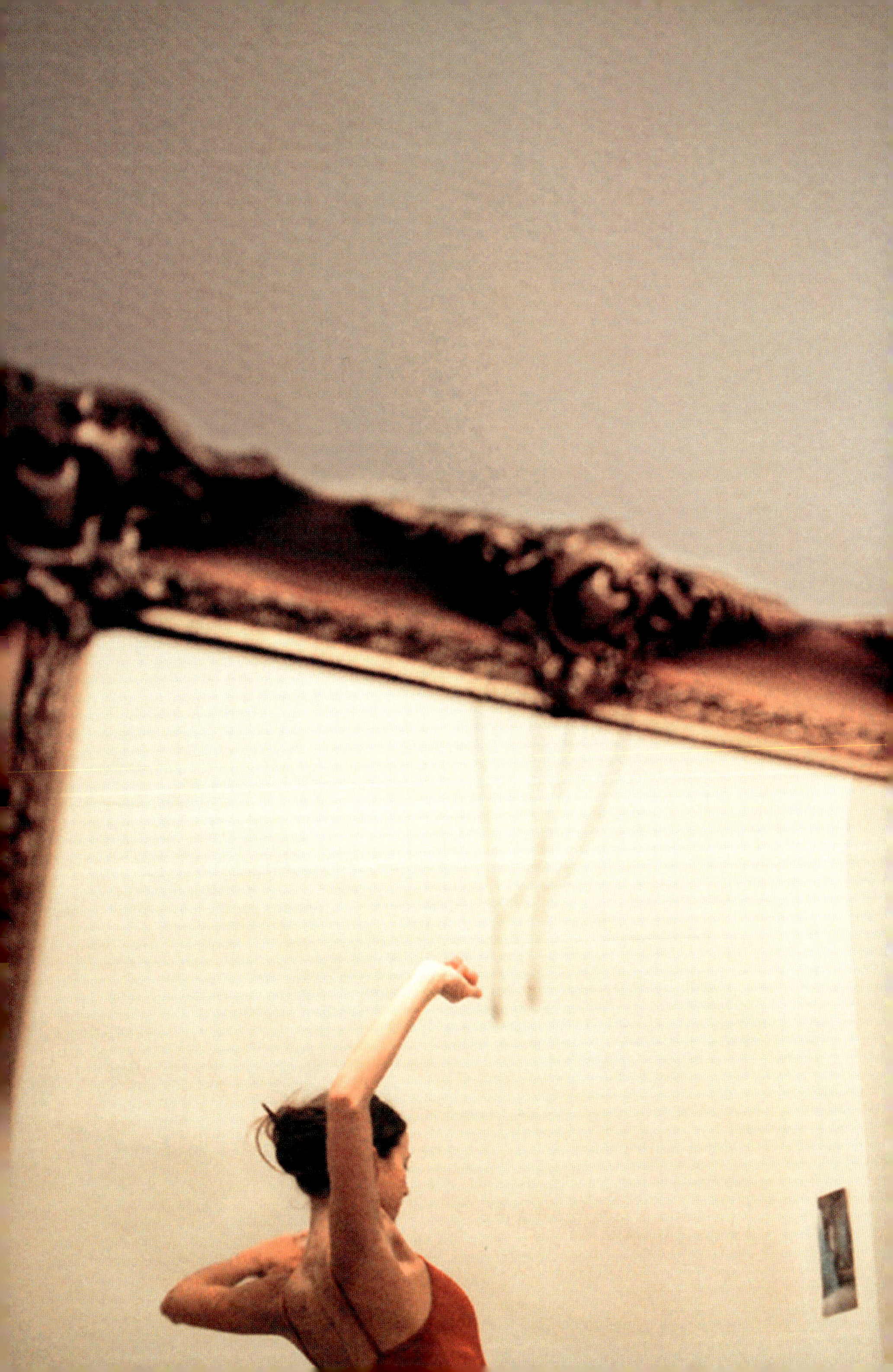

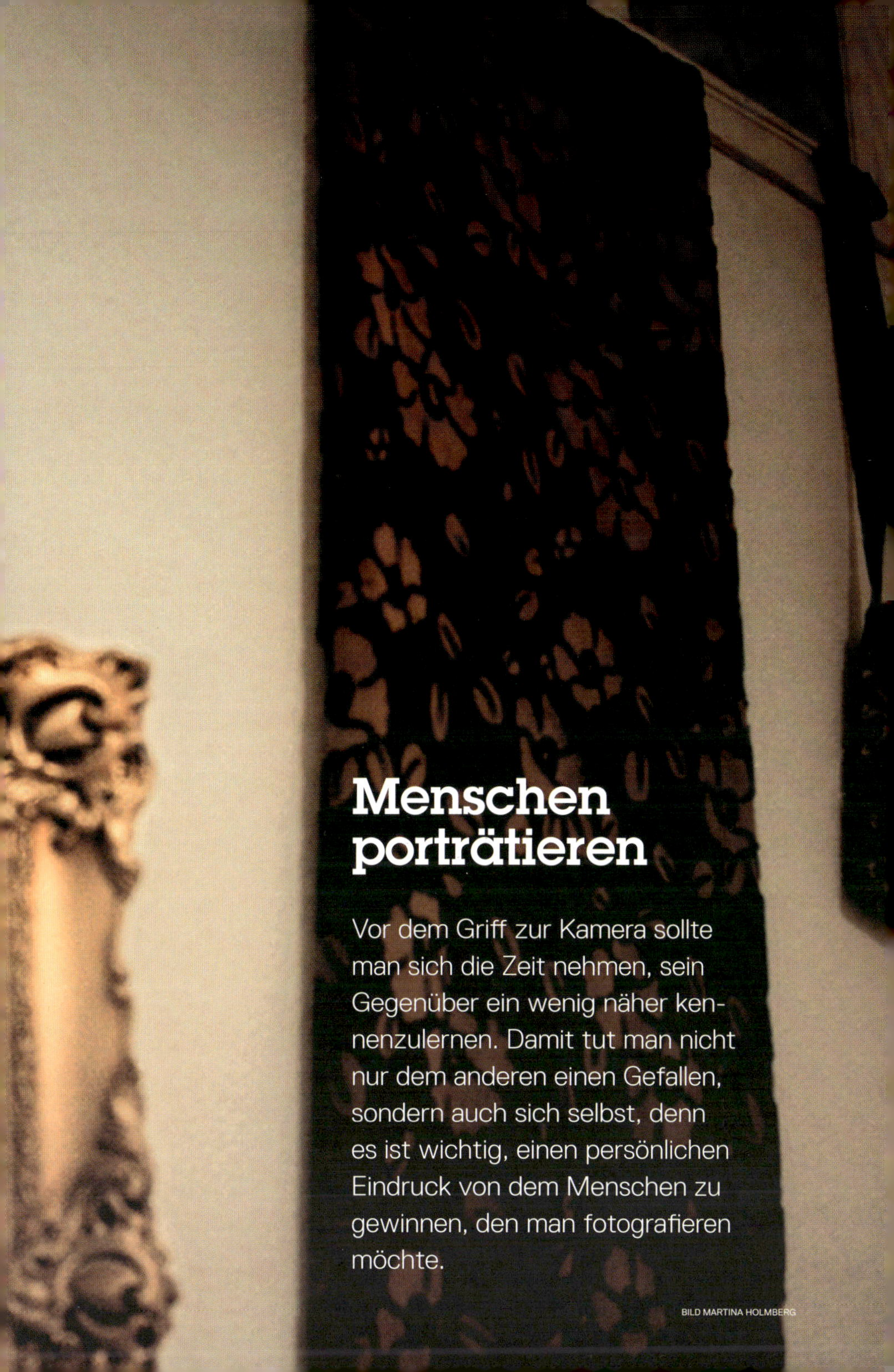

Menschen porträtieren

Vor dem Griff zur Kamera sollte man sich die Zeit nehmen, sein Gegenüber ein wenig näher kennenzulernen. Damit tut man nicht nur dem anderen einen Gefallen, sondern auch sich selbst, denn es ist wichtig, einen persönlichen Eindruck von dem Menschen zu gewinnen, den man fotografieren möchte.

BILD MARTINA HOLMBERG

46 Keine Scheu vor persönlichem Kontakt

Einen Menschen zu porträtieren, heißt, eine Beziehung zu ihm aufzubauen, wenn auch nur vorübergehend. Dies gelingt nur mit Ruhe und Geduld, denn eine Begegnung braucht Zeit.

Stellen Sie sich vor, Sie befänden sich auf dem Land in Ägypten und entdeckten einen knorrigen alten Mann mit fantastischem Gesicht, den Sie einfach fotografieren müssen. Als einfacher Tourist würde man vielleicht ein Teleobjektiv einsetzen und aus gehöriger Entfernung ein Foto machen, ohne mit dem Mann zu sprechen. Dabei könnte es sich lohnen, den persönlichen Kontakt zu suchen. Entweder er sagt Nein oder man erhält die Chance, mit ihm ein interessantes Gespräch zu führen – wenn auch nur mit Händen und Füssen – und ein intimeres Porträt aufzunehmen. Es lohnt sich, die Integrität jedes Menschen zu respektieren, den man fotografieren möchte – eine Richtlinie, die sowohl zuhause als auch im Ausland gelten sollte.

Für das Porträt des ägyptischen Mönchs wurde der harte Kontrast durch den Einsatz eines schwachen Blitzlichts weicher gestaltet.

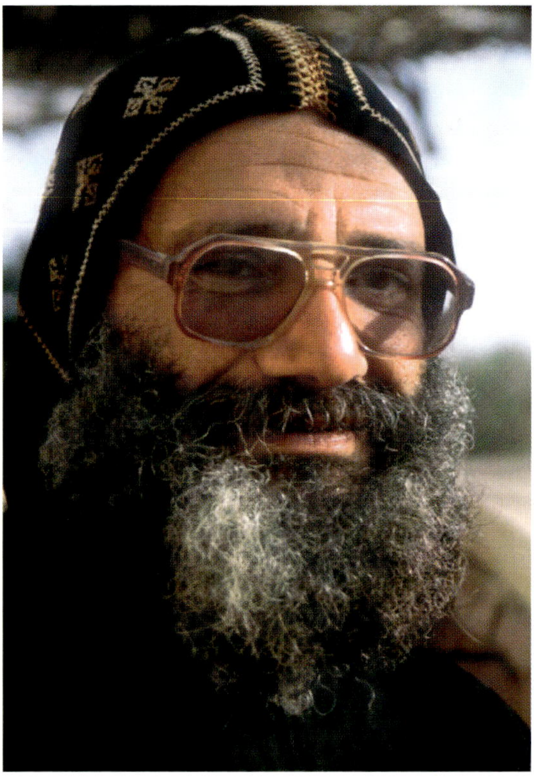

BILD ELIN RANTAKRANS

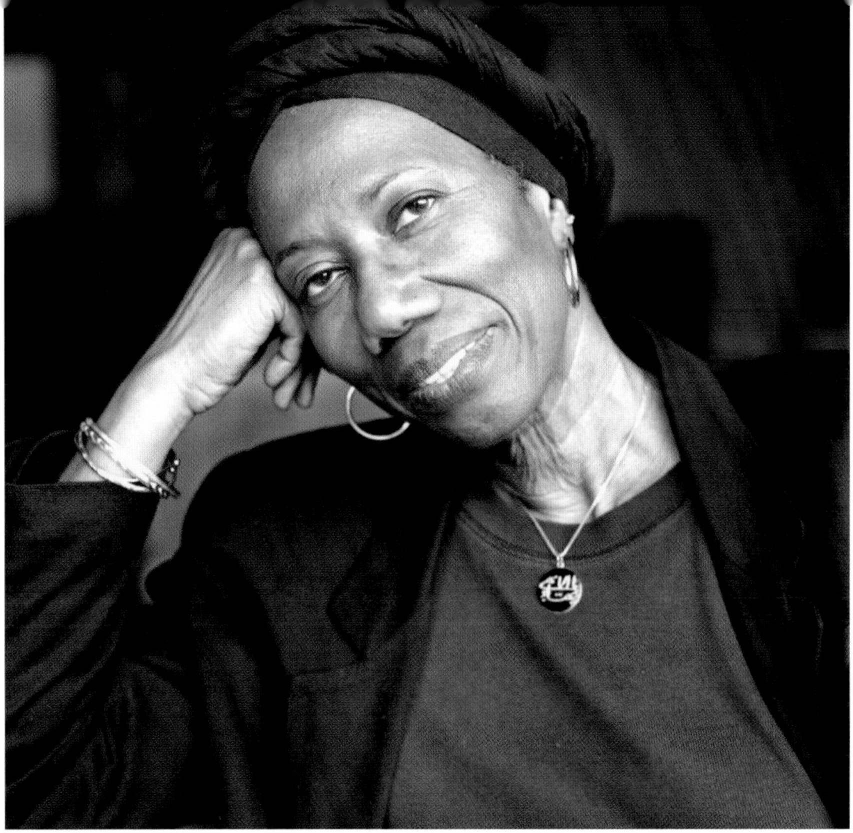

Die entspannte Pose, das Licht und die Komposition schaffen ein zeitloses Porträt.

47 Zeitlose Porträts gestalten

Eines der wichtigsten Elemente für ein klassisches Porträt sind die Augen, weshalb man gerne den Fokus darauf legt. Um das Gesicht hervorzuheben und störende Elemente im Hintergrund zu vermeiden, ist es von Vorteil, ein kürzeres Teleobjektiv zu verwenden oder das Motiv heranzuzoomen, sodass der Hintergrund unscharf wird. Bei einem zu langen Teleobjektiv erscheint das Gesicht flach, und zu viel Weitwinkel aus nächster Nähe kann das Gesicht unproportioniert wirken lassen.

Damit der Hautton natürlich wirkt, können Sie mit der Weißabgleichsfunktion die Farben verschieben. Stellen Sie beispielsweise den Weißabgleich auf Bewölkt, gleicht die Kamera die vermeintlichen Lichtbedingungen mit einem warmen Farbton aus. Aber Vorsicht: Das Ergebnis kann leicht orangestichig werden.

Bei der Wahl des Bildausschnitts sollte genau darauf geachtet werden, dass keine Finger, Handgelenke oder Knie abgeschnitten werden, sonst sieht die Person verstümmelt aus. Wenn das Motiv nicht weiß, was es mit seinen Händen machen soll, lassen Sie die Hände lieber ganz aus dem Bild, oder schlagen Sie vor, die Hände auf die Knie oder die Hüften zu stützen oder in die Hosentaschen zu stecken, je nachdem, welchen Eindruck Sie mit dem Porträt vermitteln möchten.

BILD ELIN RANTAKRANS

Geben Sie einem Porträt eine zusätzliche Dimension, indem Sie das Umfeld oder die Situation, in der sich die Person befindet, in das Bild integrieren.

48 Mehr von einem Menschen erzählen

Wird eine Person in ihrem alltäglichen Umfeld abgelichtet, erzählt das Porträt mehr von diesem Menschen, anstatt nur sein Aussehen wiederzugeben. Typische Beispiele sind der Pianist an seinem Klavier, ein Maler vor seiner Leinwand oder der Bauer auf dem Traktor. Auf diese Weise schlägt man zwei Fliegen mit einer Klappe: Zum einen wirkt die Person, die Sie porträtieren möchten, in ihrem eigenen Umfeld meist deutlich entspannter und zum anderen verleihen Sie dem Porträt mehr Aussagekraft.

Damit dabei der Hintergrund deutlich wird, sollte ein Weitwinkel- oder Normalobjektiv verwendet werden sowie die kleinstmögliche Blende für beste Schärfentiefe.

Achten Sie auch auf die Beleuchtung. Um einen bestimmten Charakterzug hervorzuheben, kann es durchaus zulässig sein, bewusst mit dem Licht zu spielen und beispielsweise die Falten in einem alten Gesicht durch direktes Sonnenlicht hervortreten zu lassen.

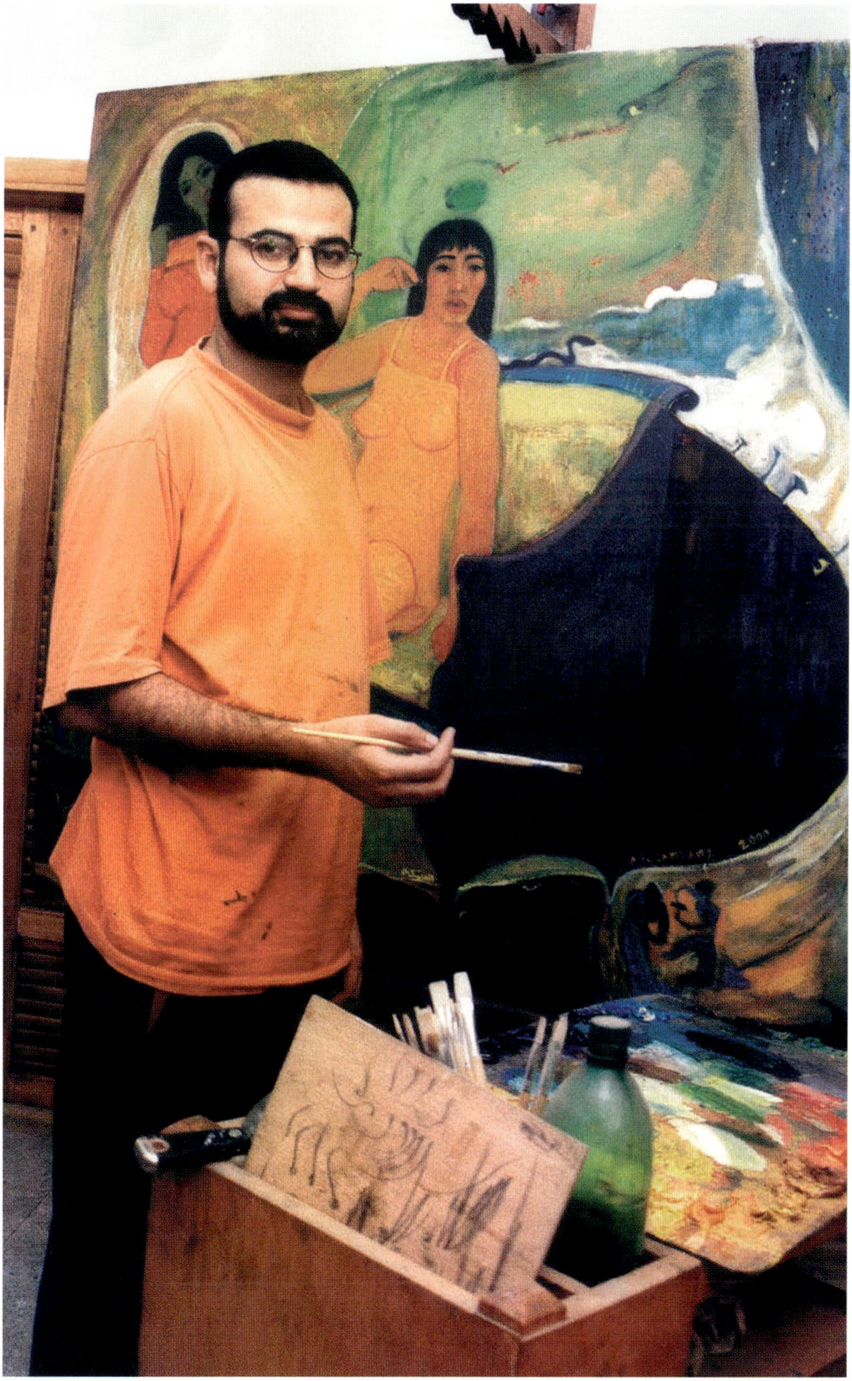

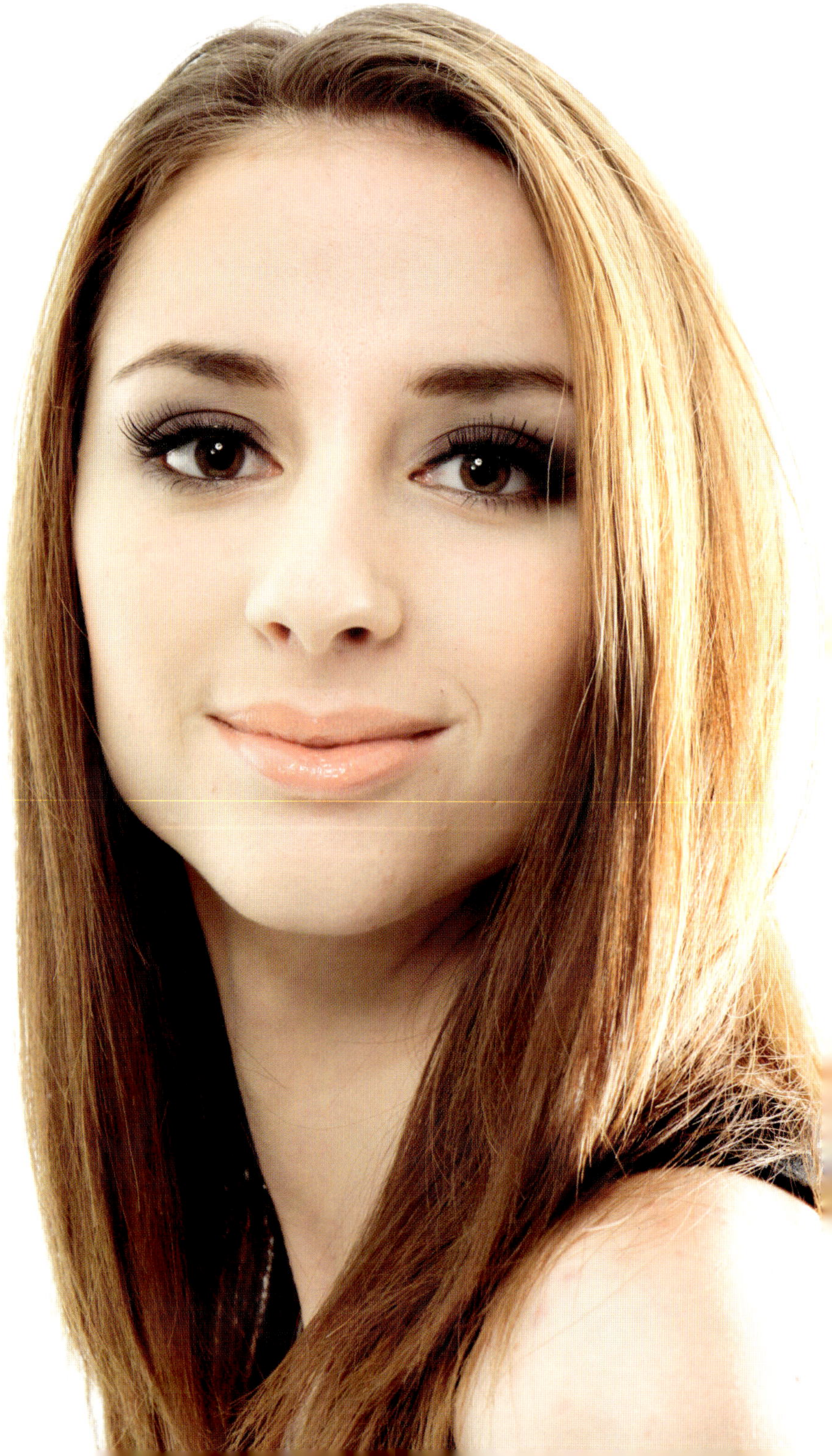

Ein neutraler Hintergrund sorgt dafür, dass sich die Aufmerksamkeit ganz auf die porträtierte Person richtet.

49 Ein neutraler Hintergrund schafft Ruhe

Ein neutraler Hintergrund kommt den meisten Porträts zugute. Um Störendes im Hintergrund verschwinden zu lassen, wie scheinbar aus dem Kopf herauswachsende Bäume oder eine Straßenlaterne, muss man manchmal nur einen Schritt zur Seite gehen oder näher an das Motiv heran. Hocken Sie sich hin oder steigen Sie auf eine Bank, wenn Sie eine andere Perspektive suchen. Man kann die Person natürlich auch gezielt vor einen ruhigen Hintergrund stellen, wie eine einfarbige Wand oder einen Busch. Sollte dies nicht möglich sein, lässt sich ein lebhafter Hintergrund mithilfe eines Teleobjektivs und einer relativ großen Blende neutralisieren, die beide dazu beitragen, dass alles Störende im Hintergrund unscharf wird.

BILD KNUTH BERGHOLM

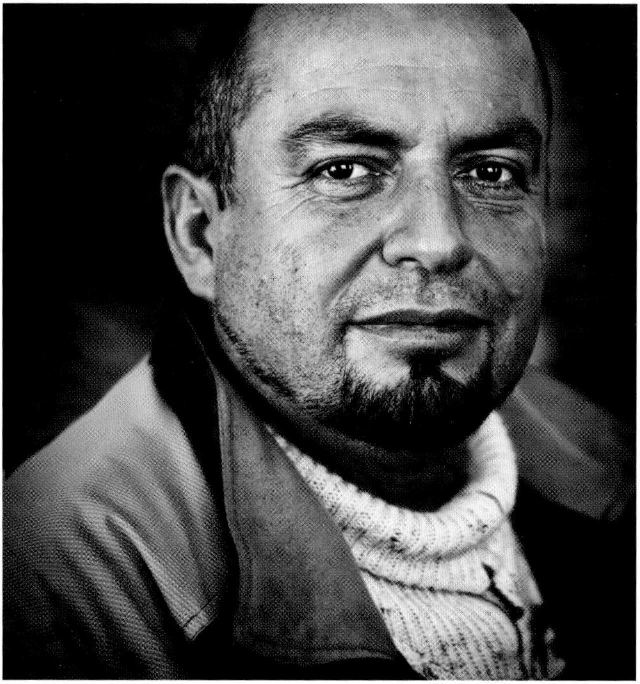

Das Bild wurde an einem bewölkten Tag am Fenster stehend aufgenommen. Durch das diffuse Tageslicht wird das Gesicht weich modelliert.

50 Porträts richtig beleuchten

Licht ist unendlich wichtig bei einem Porträt. Ein warmes weiches Licht schräg von unten schmeichelt den meisten Gesichtern, während hartes Blitzlicht frontal von vorne alle Schatten, die einem Gesicht Charakter verleihen, zunichtemacht. Bei Innenaufnahmen verwendet man am besten ein externes Blitzgerät, das nach oben abgewinkelt werden kann, um indirektes Licht zu erzeugen. Alternativ kann ein Diffusor für den Blitz verwendet werden (siehe Tipp 57), oder die Person wird mit dem Gesicht Richtung Fenster platziert und der Blitz lediglich zum Aufhellen der Schatten genutzt. Bei Brillenträgern lassen sich Reflexionen in den Brillengläsern dadurch vermeiden, dass die Brille leicht nach unten abgewinkelt wird. Passen Sie aber auf, dass dabei nicht die Pupillen verdeckt werden.

Schatten hellt man mithilfe eines Reflektorschirms auf. Alternativ kann man auch ein Stück Styropor oder weißen Karton verwenden, den ein Helfer an die Schattenseite des Gesichts hält – ein Trick, der sowohl drinnen als auch draußen funktioniert. Bei Aufnahmen im Freien wird das harte Sonnenlicht weicher, wenn man einen weißen Schirm aufspannt (ohne Werbetext, weil dieser Schatten erzeugt). Das Modell wird unter dem Schirm platziert, sodass natürlich weiche Schatten im Gesicht entstehen, und ein Blinzeln in der Sonne vermieden wird.

BILD ELIN TORGER

51 Dynamische Gruppenbilder

Ein Gruppenbild wirkt leicht statisch und damit langweilig. Um es interessanter zu gestalten, kann man die Personen in ihrem gewohnten Umfeld fotografieren und den Hintergrund Teil des Bildes machen, zum Beispiel eine Fußballmannschaft vor dem Tor oder eine Hochzeitsgesellschaft vor der Kirche. Dynamik lässt sich vor allem bei kleineren Gruppen mit einer ungerader Personenzahl leicht erzeugen. Dazu stellt man die Gruppe im Dreieck mit den Körpern zueinander gewandt auf, und schon wirkt die Komposition nicht mehr statisch.

Fotos von Schulklassen sind oft langweilig. Es gibt aber einen leichten Trick, wie sie besser wirken: die Kleinsten sitzen ganz vorne in einer Reihe, die Mittleren stehen dahinter mit den Körpern leicht zur Mitte gedreht, und die Längsten stehen auf einer Bank dahinter, ebenfalls ein wenig der Mitte zugewandt. Mithilfe eines Weitwinkelobjektivs und einer kleinen Blende werden dann alle Gesichter scharf.

Gruppenbilder werden schöner, wenn man die Personen möglichst nahe zueinander aufstellt.

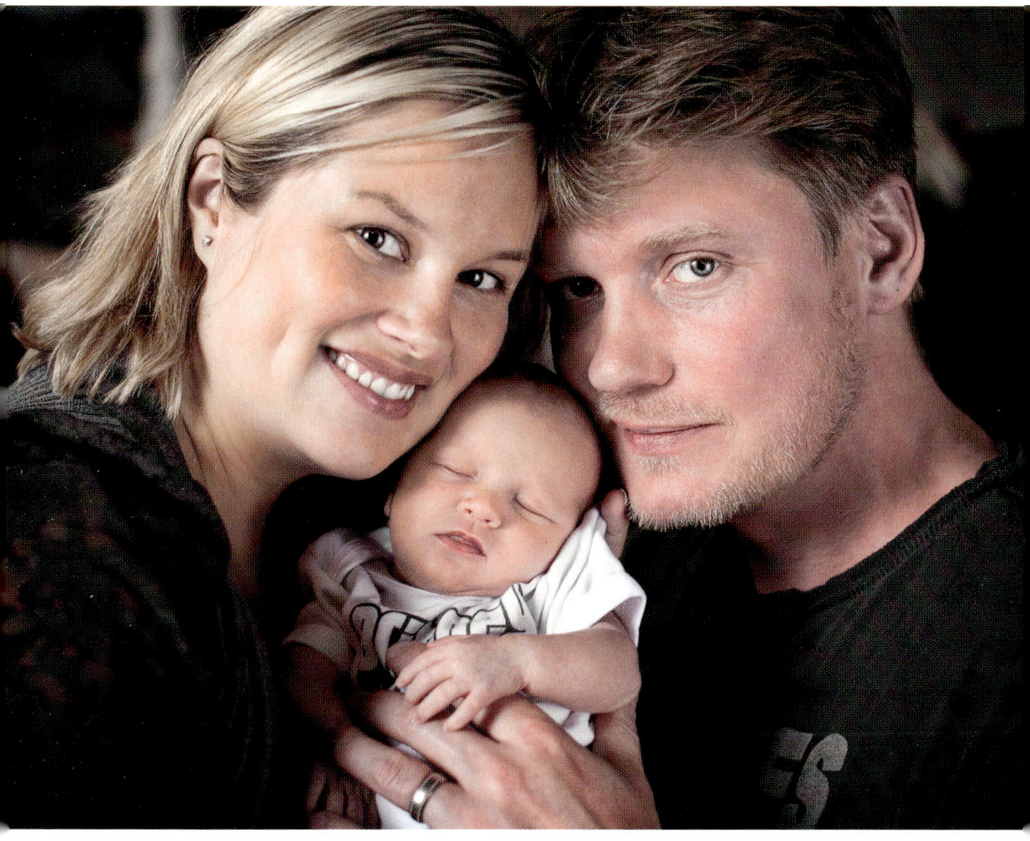

52 Kinderaufnahmen brauchen Zeit

Kinder zu fotografieren macht Spaß, hat aber auch seine Tücken, denn Kinder sind nicht nur natürlich, sondern auch unberechenbar. Am leichtesten ist es, sie beim Spielen in ihrer gewohnten Umgebung zu fotografieren. Die Grundregel lautet: Haben Sie Geduld und eine große Speicherkarte.

Kinder sind klein und weich und sollten auf Fotos auch so aussehen. Testen Sie einen Softfilter und weiches indirektes Licht, um die kleinen Gesichter zu modellieren. Ein Softfilter gestaltet vor allem die hellen Bildpartien weich, ohne dabei die Bildschärfe zu beeinträchtigen. Gleichzeitig ist nicht jedes aufgeschürfte Knie und jeder kleine Pickel auf dem Bild zu erkennen. Sowohl für Innen- wie für Außenaufnahmen empfiehlt sich ein neutraler Hintergrund, um eine ruhige Atmosphäre zu schaffen.

Weiches Licht, eine lange Brennweite, geringe Schärfentiefe und ein neutraler Hintergrund machen ein Kinderporträt harmonisch.

BILD TOBIAS HAGBERG

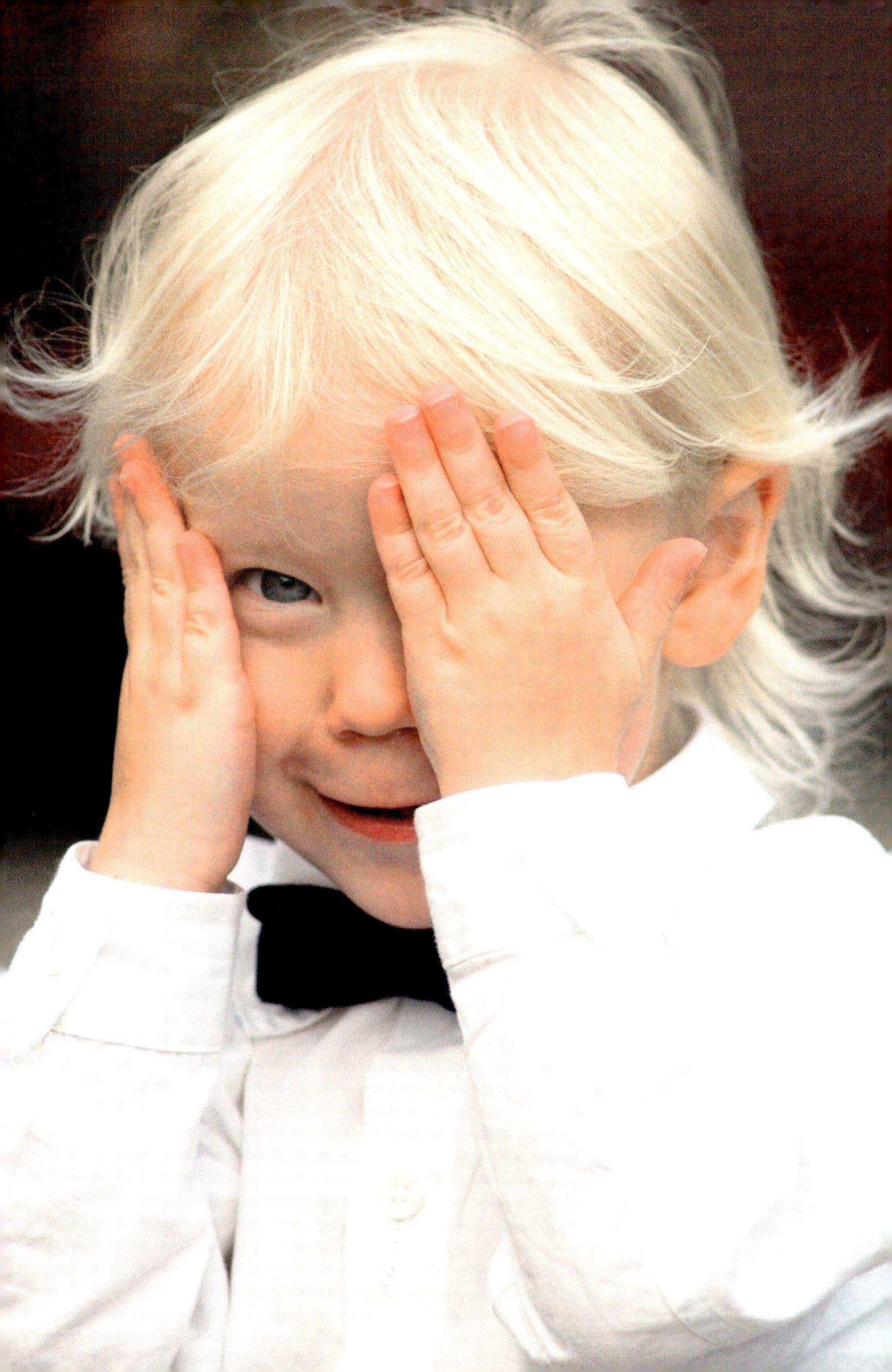

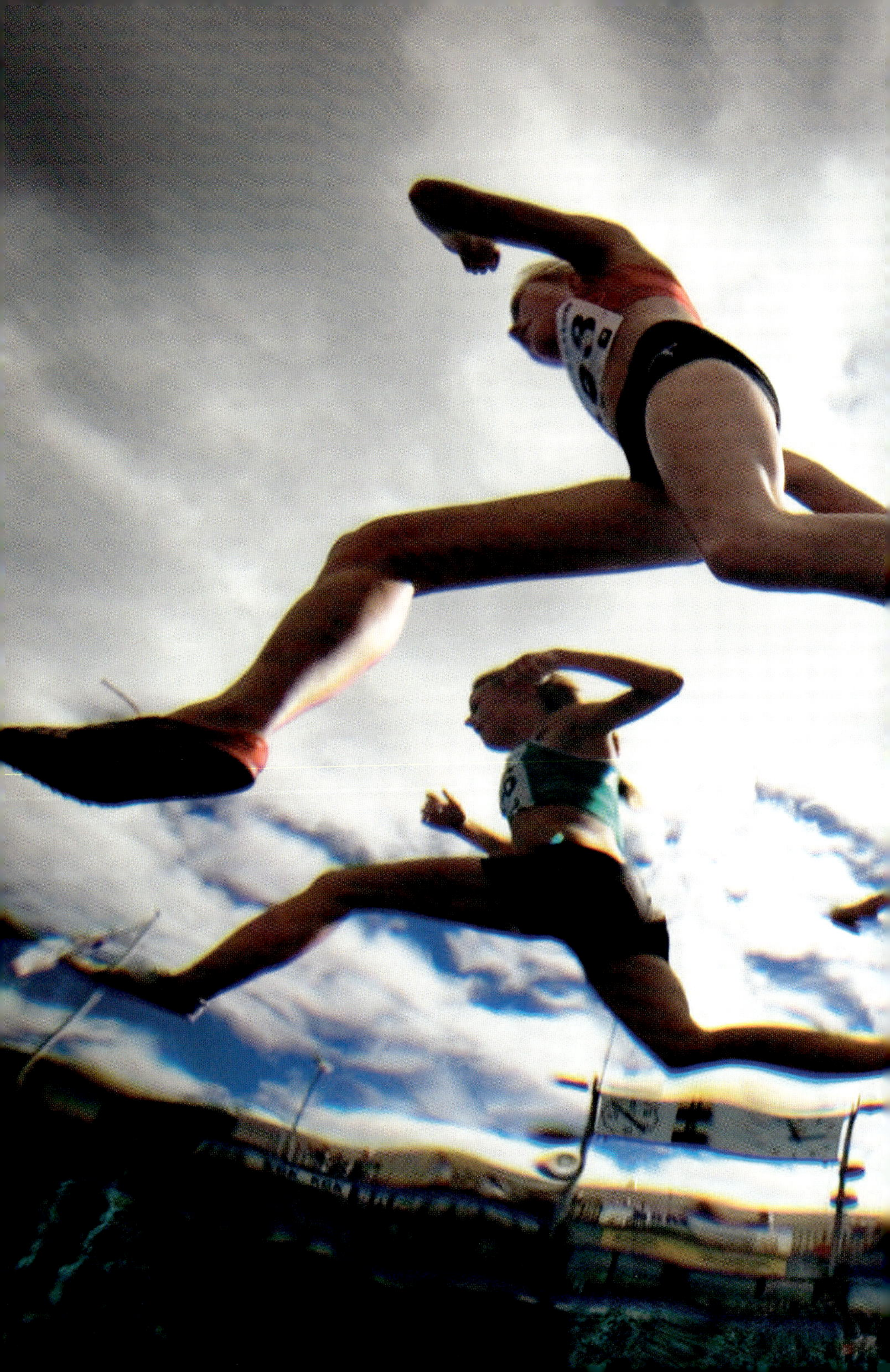

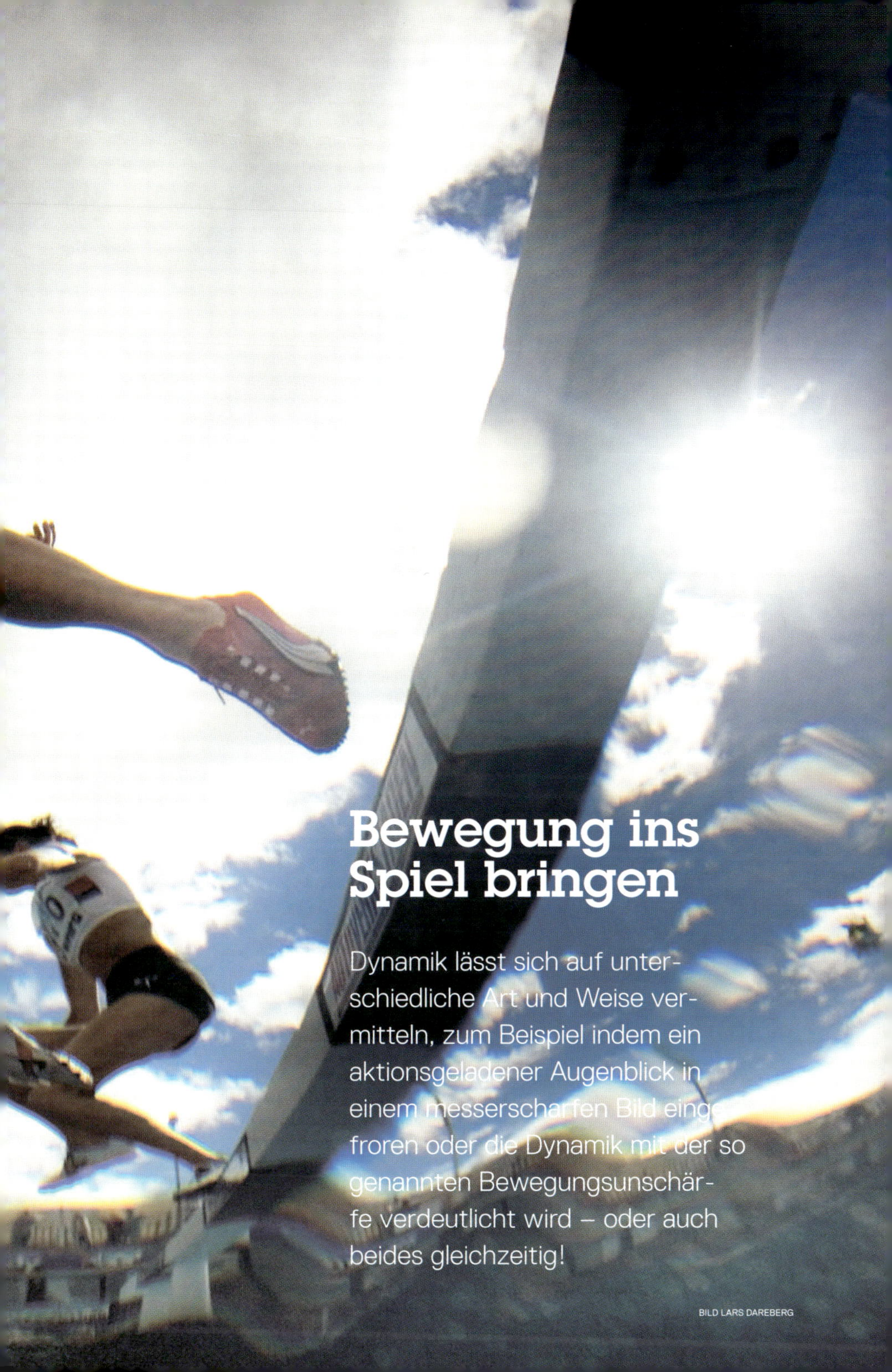

Bewegung ins Spiel bringen

Dynamik lässt sich auf unterschiedliche Art und Weise vermitteln, zum Beispiel indem ein aktionsgeladener Augenblick in einem messerscharfen Bild eingefroren oder die Dynamik mit der so genannten Bewegungsunschärfe verdeutlicht wird – oder auch beides gleichzeitig!

BILD LARS DAREBERG

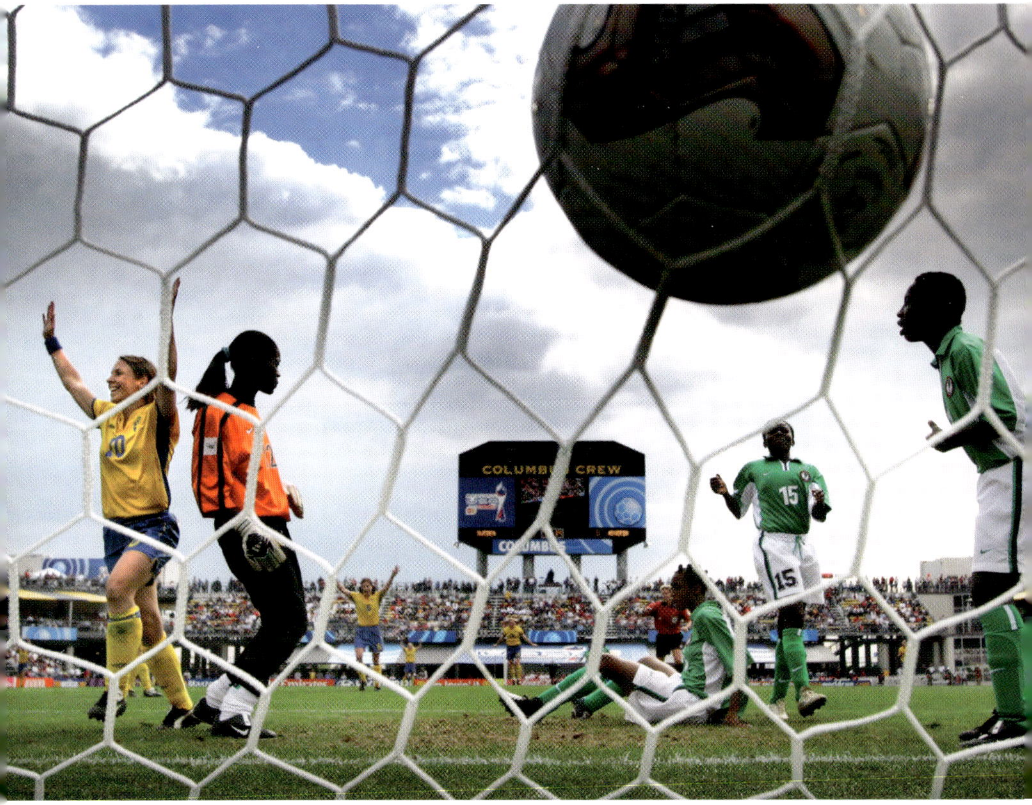

Gute Sportfotografien zeichnen sich dadurch aus, dass sie die Gefühle im entscheidenden Moment widerspiegeln.

53 Action und Gefühl festhalten

Richtig gute Sportbilder zeigen häufig einen konzentrierten Gesichtsausdruck bei voller Kraftanstrengung. Es geht darum, sowohl die Action als auch die mit dem Sport verbundene Dramatik zu vermitteln, eine spannende Kombination, die Sportbilder so lohnend macht. Das Schwierige an solchen Bildern ist in der Regel, das Motiv richtig scharf zu bekommen. Um die Bewegung eines Leichtathleten mitten im Sprung oder eines Fußballers beim Schuss festzuhalten, sollte man am besten eine kurze Belichtungszeit einstellen und den Fokus ganz auf den Sportler legen. Beim Fotografieren von Ballsportarten ist es von Vorteil, den Ball tatsächlich mit im Bild zu haben, weil das Foto sonst merkwürdig aussieht, wenn nicht klar ist, worum es bei der Bewegung geht. Leichter wird es, wenn man die Kamera so einstellt, dass automatisch mehrere Bilder in rascher Folge geschossen werden (sog. Serienbildfunktion), ohne dass man selbst jedes Mal auslösen muss.

BILD LARS DAREBERG

54 Tempo vermitteln

Indem man auf das Motiv scharfstellt und dann der Bewegung mit der Kamera folgt, kann man sowohl das Motiv scharf als auch den Hintergrund verschwommen abbilden. Der Trick liegt darin, dass das Motiv während der gesamten Belichtungszeit an derselben Stelle im Sucher gehalten wird.

Manchmal hat der Autofokus ein Problem damit, bei solchen Schwenks der Kamera mitzuhalten. Wenn Sie beispielsweise einen Skifahrer, Läufer oder Fahrradfahrer in Aktion fotografieren wollen, kann es vorteilhaft sein, die Schärfe vorher einzustellen, entweder von Hand oder indem Sie den Autofokus fixieren. So umgehen Sie das Problem eines pumpenden, suchenden Autofokus, der Sie im schlimmsten Fall daran hindert, die Kamera im richtigen Moment auslösen zu können. Dann heißt es nur noch mit dem Auslösen warten, bis das Motiv an der richtigen Stelle vorbeikommt.

Wenn der Autofokus der Kamera Schwierigkeiten hat, einem Motiv in der Bewegung zu folgen, können sie den Fokus vorab auf eine bestimmte Stelle scharfstellen und dann abwarten, bis Ihr Motiv an dieser Stelle vorbeikommt.

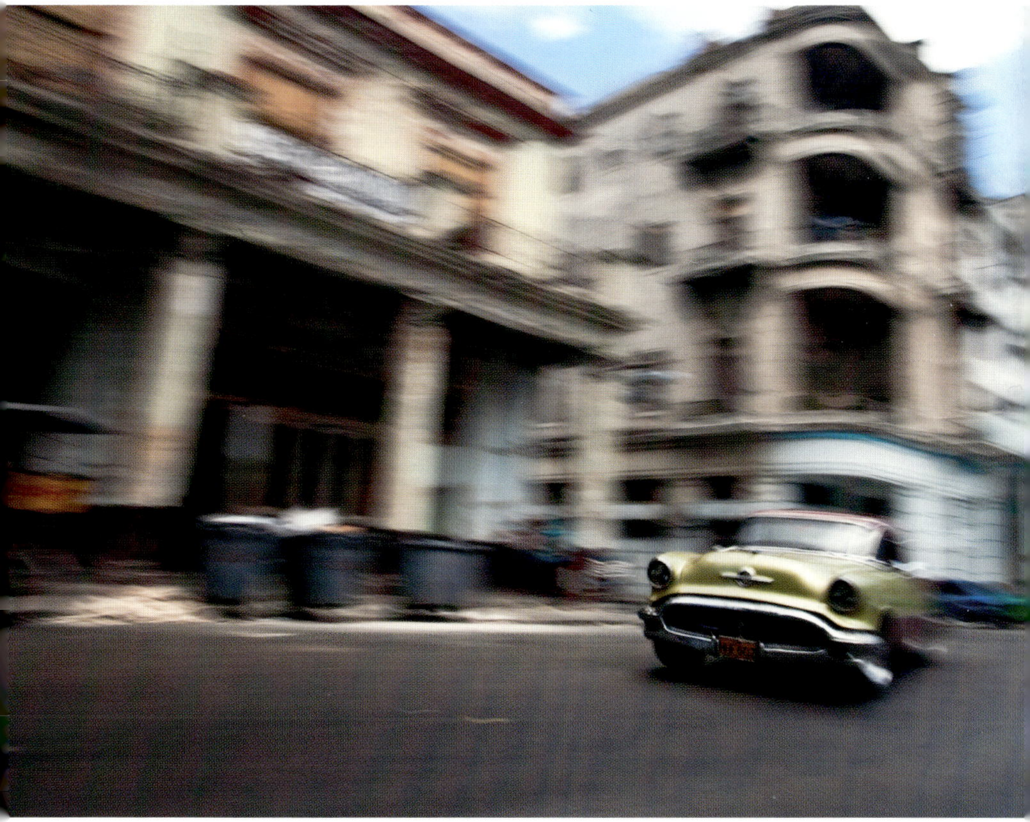

BILD ROBERT ELIASSON

55 Bewegungen mit Blitzlicht festhalten

Durch die Kombination von natürlichem Licht und Blitzlicht lassen sich besondere Effekte zaubern. Beim Fotografieren mit Blitz und gleichzeitig langer Belichtungszeit wird lediglich ein Teil der Bewegung des Motivs eingefroren, sodass ein Teil des Körpers scharf und der Rest unscharf wird, was dem Betrachter ein Gefühl für die Bewegung vermittelt.

Manche Systemkameras mit externem Blitz bieten mit der so genannten Rear-Funktion (auch Synchronisation auf den zweiten Verschlussvorhang genannt) eine interessante Funktion an (siehe Bedienungsanleitung Ihrer Kamera). Dabei wird der Blitz kurz vor dem Schließen des Verschlusses ausgelöst, statt, wie sonst üblich, direkt nachdem der Verschluss geöffnet wurde. Das Motiv wird eingefroren und die Bewegungsunschärfe liegt wie eine Bewegungsspur hinter dem Motiv, statt davor. Dadurch sehen die Bilder natürlicher aus.

Schaffen Sie ein Gefühl von Bewegung, indem Sie eine etwas längere Belichtungszeit mit Blitzlicht kombinieren.

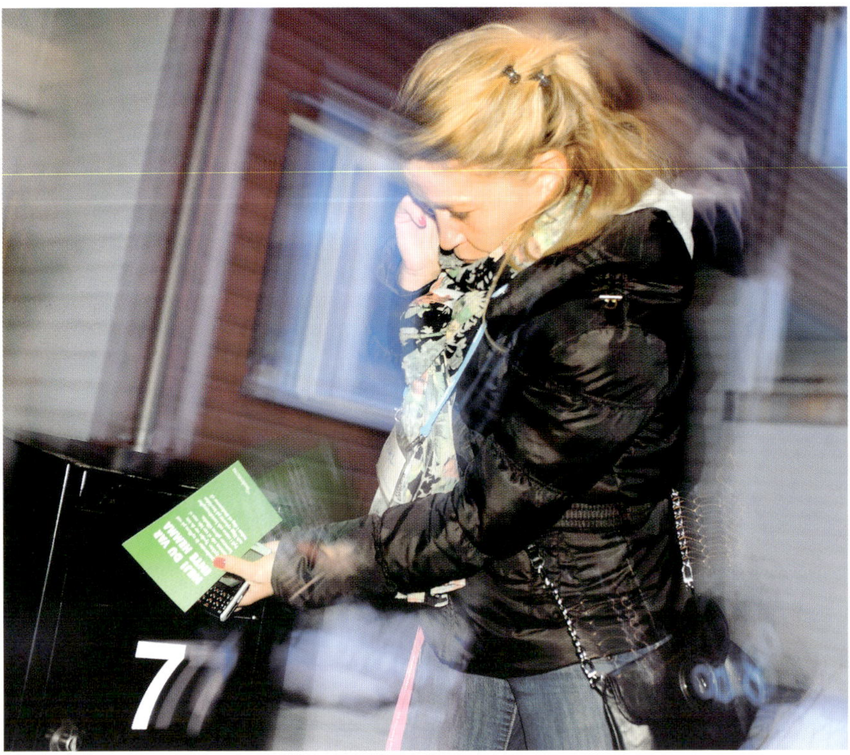

BILD MARTINA HOLMBERG

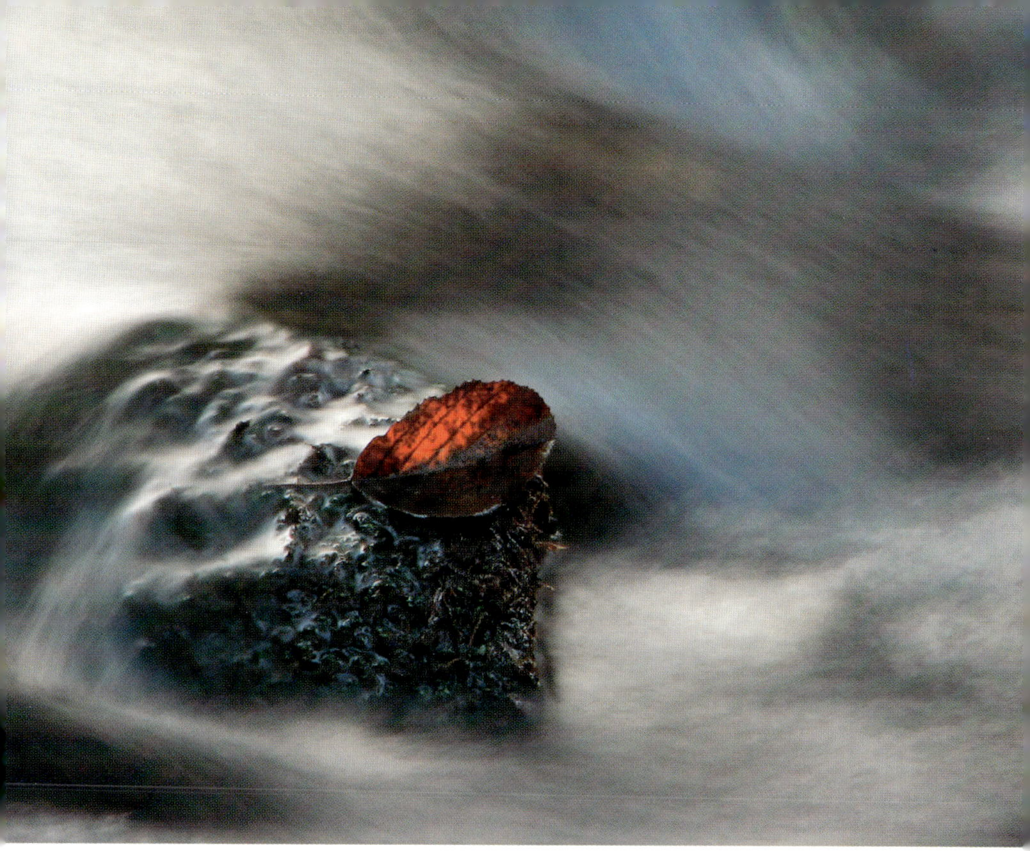

Durch einen Graufilter vor dem Objektiv verlängert sich die Belichtungszeit auf 4 Sekunden, lange genug also, um dem Wasser eine kräftige Bewegungsunschärfe zu verleihen.

56 Zauberhafte Wassereindrücke

Ein perlender Bach oder ein Wasserfall sieht je nach Belichtungszeit völlig unterschiedlich aus. Um die Bewegung des Wassers einzufrieren, wählt man eine kurze Belichtungszeit; 1/125 Sekunde ist ein guter Anhaltspunkt. Soll das Wasser hingegen wie ein wabernder Schleier aussehen, funktioniert eine längere Belichtungszeit besser, beispielsweise 1/30 Sekunde oder länger. Die richtige Einstellung hängt natürlich davon ab, wie schnell sich das Wasser bewegt. Deshalb ist es ratsam, mehrere Fotos mit unterschiedlicher Belichtungszeit zu machen und das Ergebnis auf dem Display zu kontrollieren.

Zur Mittagszeit kann es schwierig werden, mit langer Belichtungszeit zu fotografieren, selbst unter Verwendung der kleinsten Blende und bei niedrigster ISO-Einstellung an der Kamera – es ist einfach zu hell. Für solche Fälle empfiehlt sich ein Graufilter (auch ND-Filter genannt nach dem Englischen „Neutral Density"), der wie eine Sonnenbrille auf der Linse funktioniert und in unterschiedlich starken Tönungen im Fotofachhandel zu kaufen ist. Durch den Graufilter gelangt weniger Licht auf den Sensor, sodass eine längere Belichtungszeit verwendet werden kann.

BILD SEBASTIAN ROMERT

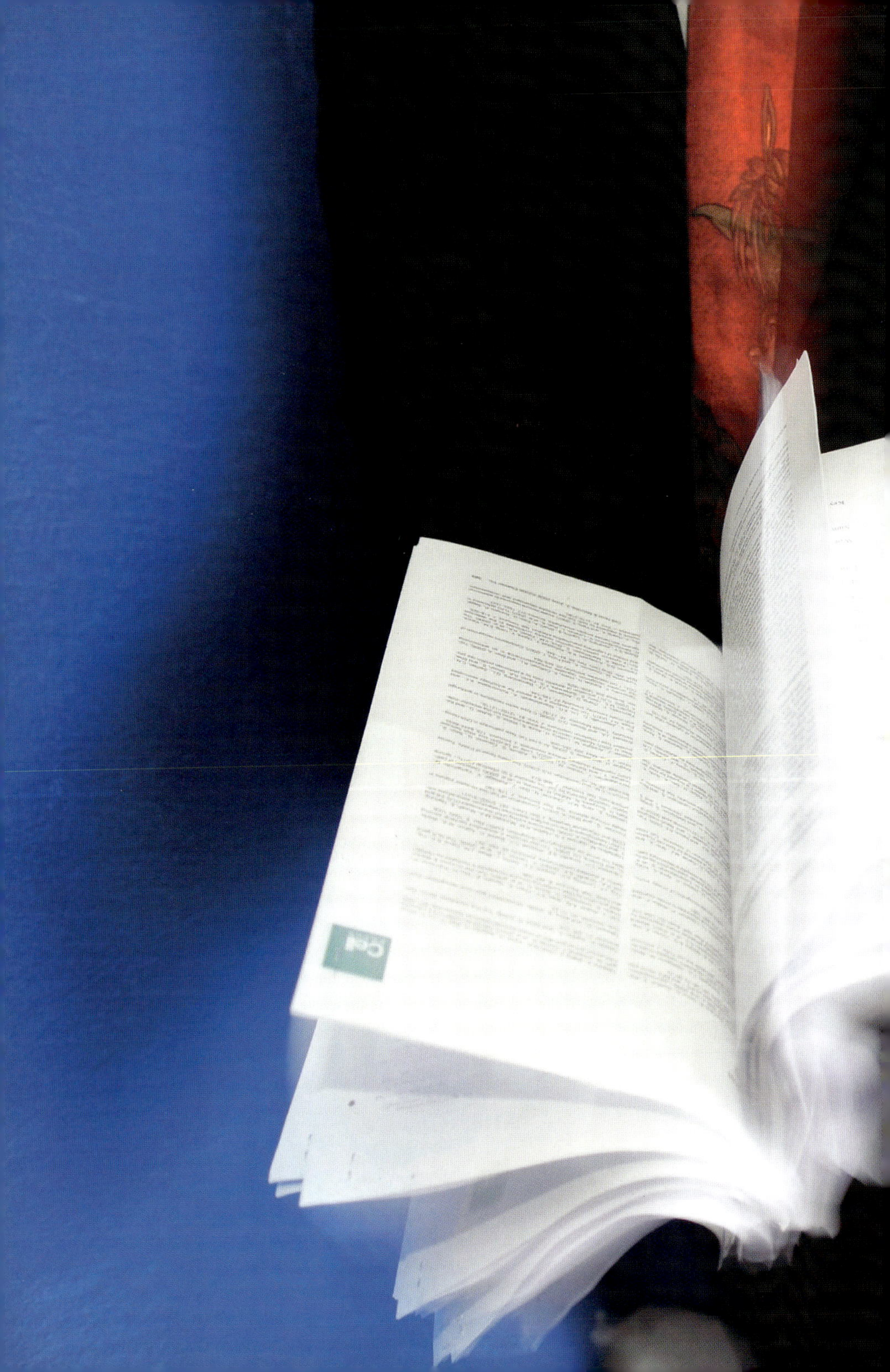

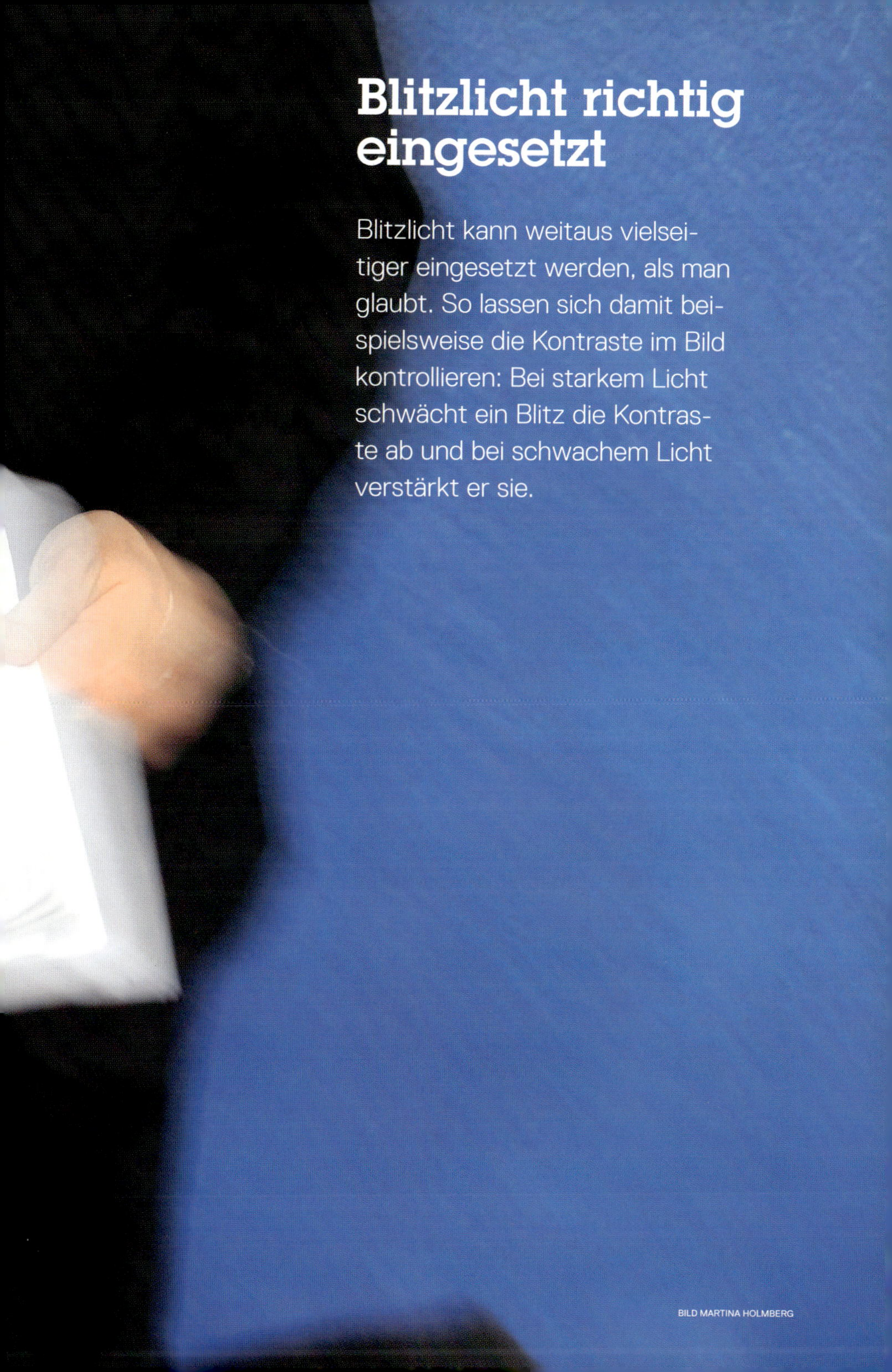

Blitzlicht richtig eingesetzt

Blitzlicht kann weitaus vielseitiger eingesetzt werden, als man glaubt. So lassen sich damit beispielsweise die Kontraste im Bild kontrollieren: Bei starkem Licht schwächt ein Blitz die Kontraste ab und bei schwachem Licht verstärkt er sie.

BILD MARTINA HOLMBERG

57 Blitzlicht weicher gestalten

Wird ein direkter, in die Kamera eingebauter Blitz als Hauptlichtquelle eingesetzt, entsteht ein hartes Licht, das direkt von vorne kommt. Um ein weicheres Licht zu erzeugen, kann man stattdessen ein externes Blitzgerät mit beweglichem Blitzreflektor verwenden, bei dem der Blitz nach oben an die Decke oder gegen eine Wand geworfen werden kann. Für denjenigen, der häufig Porträtaufnahmen im Haus machen möchte, ist ein externes Blitzgerät eigentlich unentbehrlich, genauso wie Kenntnisse darüber, wie ein solcher Blitz funktioniert.

Drehen Sie den Reflektor des Blitzes mindestens 45 Grad Richtung Decke oder Wand, und kontrollieren Sie anhand einer Probeaufnahme, ob das Licht ausreicht. Falls nicht, ändern Sie den Winkel des Reflektors oder den Motivabstand. Alternativ kann eine Blitzbelichtungskorrektur um +1 eingestellt werden (siehe Bedienungsanleitung zu Ihrem Blitz).

Um nicht zu viel von der Lichtstärke des Blitzes zu verlieren und dennoch ein natürliches Licht zu erzeugen, kann man einen Diffusor für den Blitzreflektor kaufen. Das ist ein kleiner weißer Plastikaufsatz für den Blitzreflektor, der bei auch bei frontalem Blitzen weiche Schatten erzeugt.

Um beim indirekten Blitzen einen Teil des nach oben oder zur Seite abgegebenen Lichts direkt auf das Motiv zu leiten, kann man eine weiße Karte am Blitzreflektor befestigen. Mit etwas Geschick können Sie aus einem Stück weißer Pappe und einem Gummiband eine solche Reflektorkarte auch selbst basteln. Richten Sie den Blitzreflektor auf die Decke und befestigen Sie die Karte auf der Rückseite des Blitzes, die Ihnen zugewandt ist, sodass sie ein kleines Stück oberhalb des Blitzkopfes hervorsteht. Die weiße Pappe wirft zusätzlich zu dem indirekten Blitzlicht einen weichen Schimmer direkt auf das Motiv.

Ein indirekter Blitz erzeugt ein natürlicheres Licht.

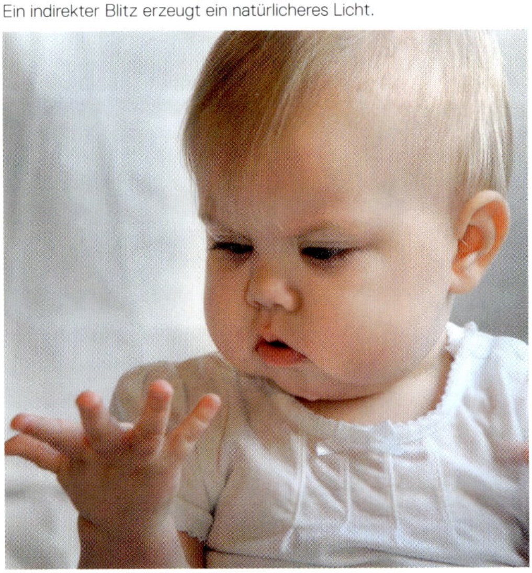

BILD ELIN RANTAKRANS

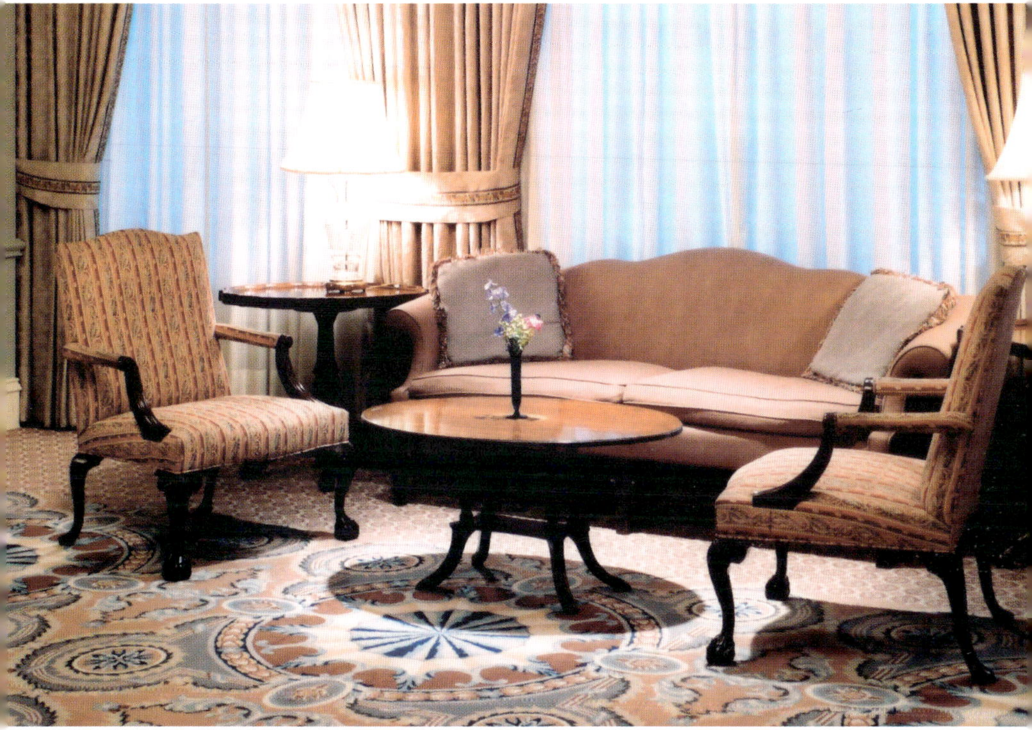

Bei verschiedenen Lichtarten in einem Raum lässt sich eine besondere Stimmung ins Foto zaubern. Verwenden Sie ein Stativ und eine etwas längere Belichtungszeit, dann halten sich das Blitzlicht und der warme Schein der Tischlampe die Waage.

58 Stimmung trotz Blitzlicht

Auch geblitzte Bilder können stimmungsvoll aussehen, wenn der Blitz das natürliche Licht nicht verdrängt. Gehen Sie methodisch vor, dann können Sie mehrere verschiedene Lichtquellen in Einklang bringen, ohne dass das Blitzlicht die Überhand gewinnt.

Verwenden sie am besten ein externes Blitzgerät, das sich justieren lässt und dessen Reflektor sowohl horizontal als auch vertikal verstellt werden kann. Wählen Sie außerdem die Halbautomatik und stellen Sie die Belichtung vorab auf 1/60 oder 1/30 Sekunde ein. Die etwas längere Belichtungszeit bewirkt, dass das vorhandene Licht im Bild mehr zur Belichtung beiträgt, wie zum Beispiel die Tischlampen im obigen Bild oder das Tageslicht, das zum Fenster hereinkommt.

Damit das Blitzlicht nicht zu stark wird, können Sie entweder die Blitzleistung verringern (falls Sie über einen externen Blitz mit dieser Wahlmöglichkeit verfügen), oder den Blitz gegen die Decke oder eine Wand richten, damit das Blitzlicht einen längeren Weg bis zum Motiv überbrücken muss und somit schwächer wird.

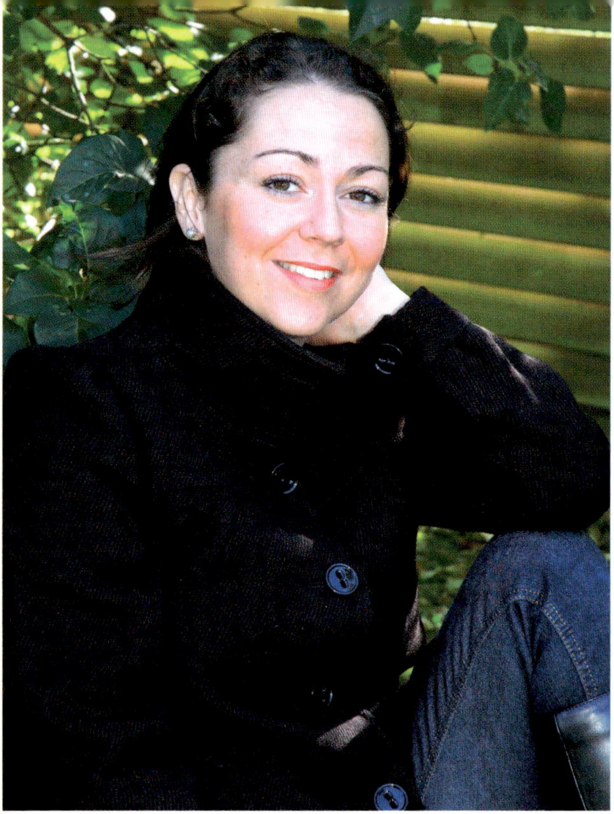

Ein leichter Aufhellblitz gibt dem Gesicht mehr Kontur, obwohl es sich im Halbschatten befindet.

59 Schatten mit Blitzlicht aufhellen

Falls das Sonnenlicht beim Fotografieren zu harte Schatten unter die Augen wirft oder das Licht im Schatten eines Baumes zu schlecht ist, kann ein Aufhellblitz die natürliche Hauptlichtquelle wirkungsvoll komplementieren. Der automatische Aufhellblitz der Kamera ist allerdings problematisch, da er zu hart und markant wirken kann. Mit einem externen Blitz lässt sich dieses Problem lösen, indem das Blitzlicht ein wenig nach unten justiert wird, wodurch die Schatten im Bild erhalten bleiben, aber weicher aussehen. Ein externer Blitz hat ähnlich wie eine Kamera für die Belichtung eine Korrekturfunktion für die Blitzbelichtung. Verstellt man diesen um –1 (siehe Bedienungsanleitung des Blitzes), ändert sich lediglich die Blitzstärke und nicht das natürliche Licht. Auch die Blitzleistung des in der Kamera eingebauten Blitzgeräts lässt sich korrigieren.

Mithilfe der Belichtungskorrektur der Kamera (z.B. wie oben um –1) in Kombination mit der Blitzbelichtungskorrektur (z.B. um +1) können Sie die Mischung aus Blitzlicht und natürlichem Licht manipulieren.

BILD ELIN RANTAKRANS

60 Rote Augen vermeiden

Rote Augen auf einem ansonsten schönen Porträtfoto sind ausgesprochen ärgerlich. Es gibt aber eine Methode, dies zu verhindern. Die meisten Kameras haben eine entsprechende Funktion, den so genannten Vorblitz, der das Risiko für rote Augen reduzieren soll. Der Nachteil dieses Vorblitzes ist, dass das zusätzliche Licht, welches die Pupillen zum Schließen bringen soll, auch eine Verzögerung des Auslösemomentes mit sich bringt. Anstatt die kamerainterne Funktion zu nutzen, kann man auch sämtliche Lampen im Raum einschalten. Je heller es im Zimmer ist, desto mehr schließen sich die Pupillen auf natürliche Weise. Alternativ hilft ein externer Blitz von weiter oben, sodass ein anderer Winkel zwischen Blitz und Objektiv entsteht, und das Licht in einem weniger spitzen Winkel von der Netzhaut des Auges reflektiert wird.

Daher hat ein externes Blitzgerät oft noch den weiteren Vorteil, dass sein Licht auf das Motiv in einem anderen Winkel trifft, wenn man den Reflektor ihn Richtung Decke oder Wand richtet. So bleiben die Pupillen dunkel.

Schalten Sie so viele Lampen wie möglich in einem Raum ein, um rote Augen zu vermeiden.

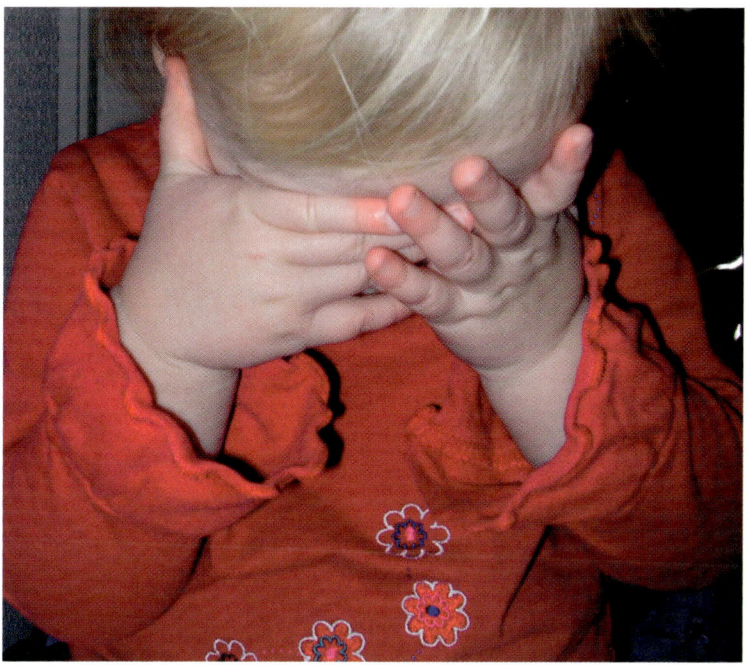

BILD TOBIAS HAGBERG

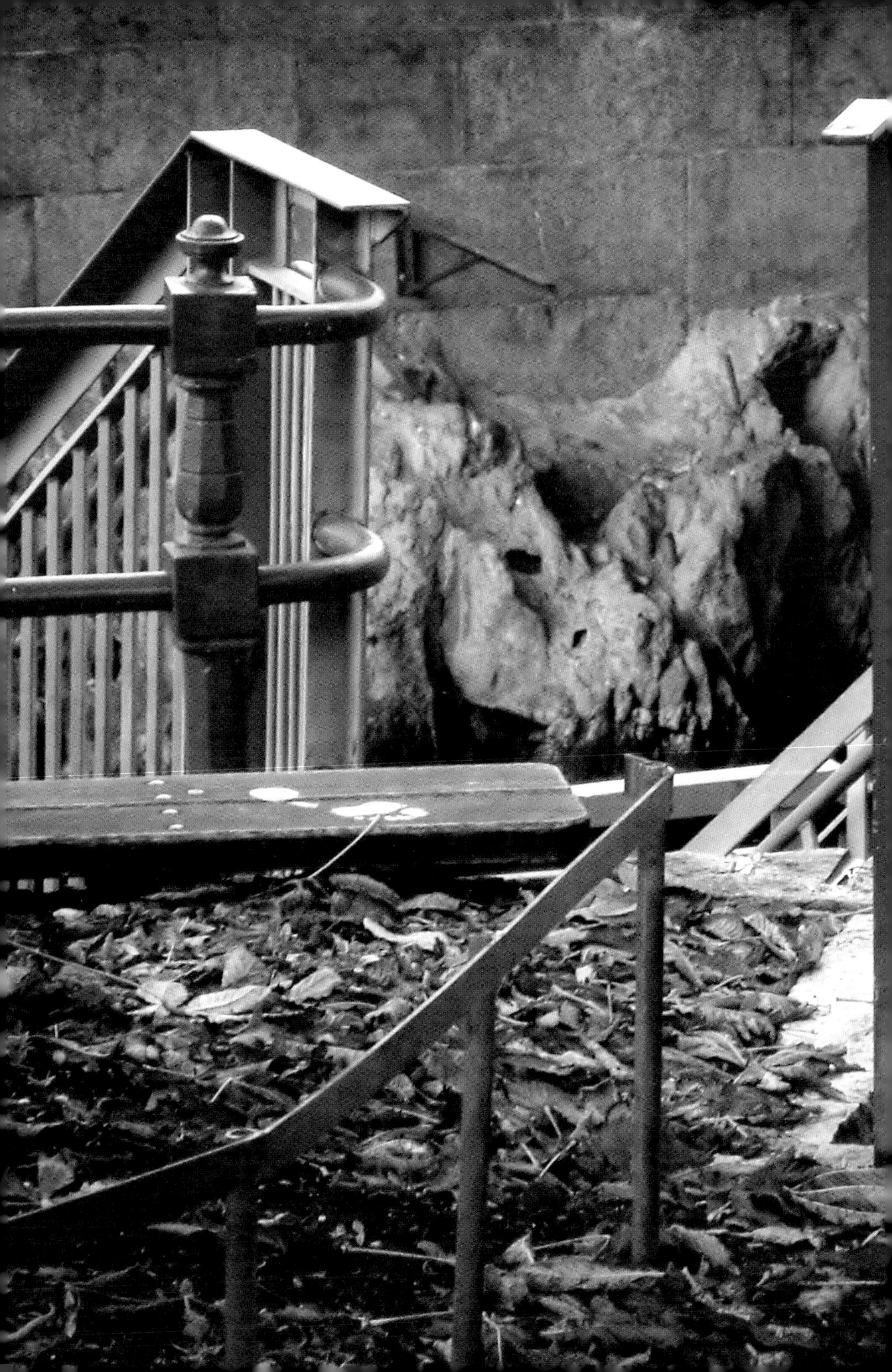

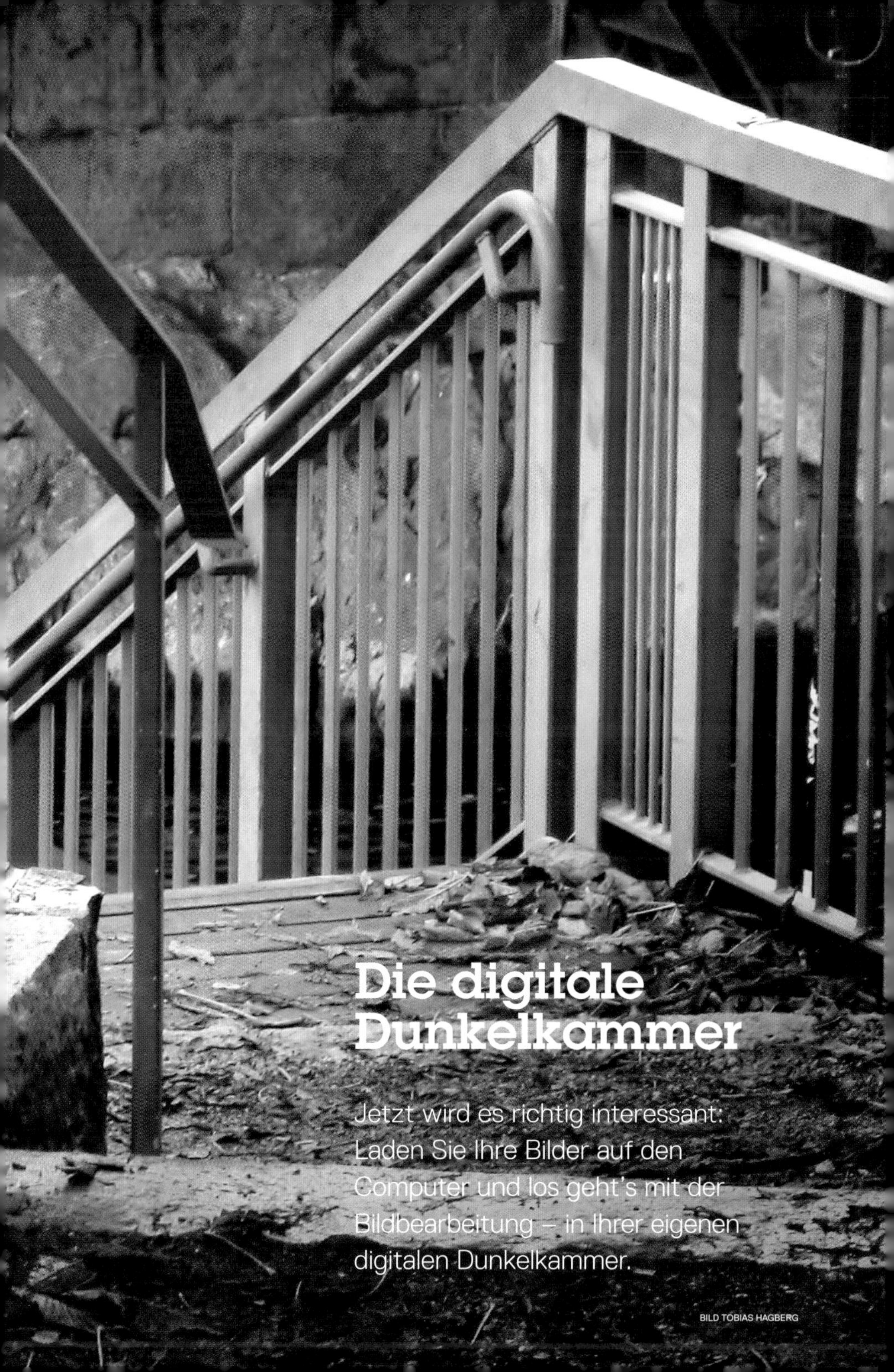

Die digitale Dunkelkammer

Jetzt wird es richtig interessant: Laden Sie Ihre Bilder auf den Computer und los geht's mit der Bildbearbeitung – in Ihrer eigenen digitalen Dunkelkammer.

BILD TOBIAS HAGBERG

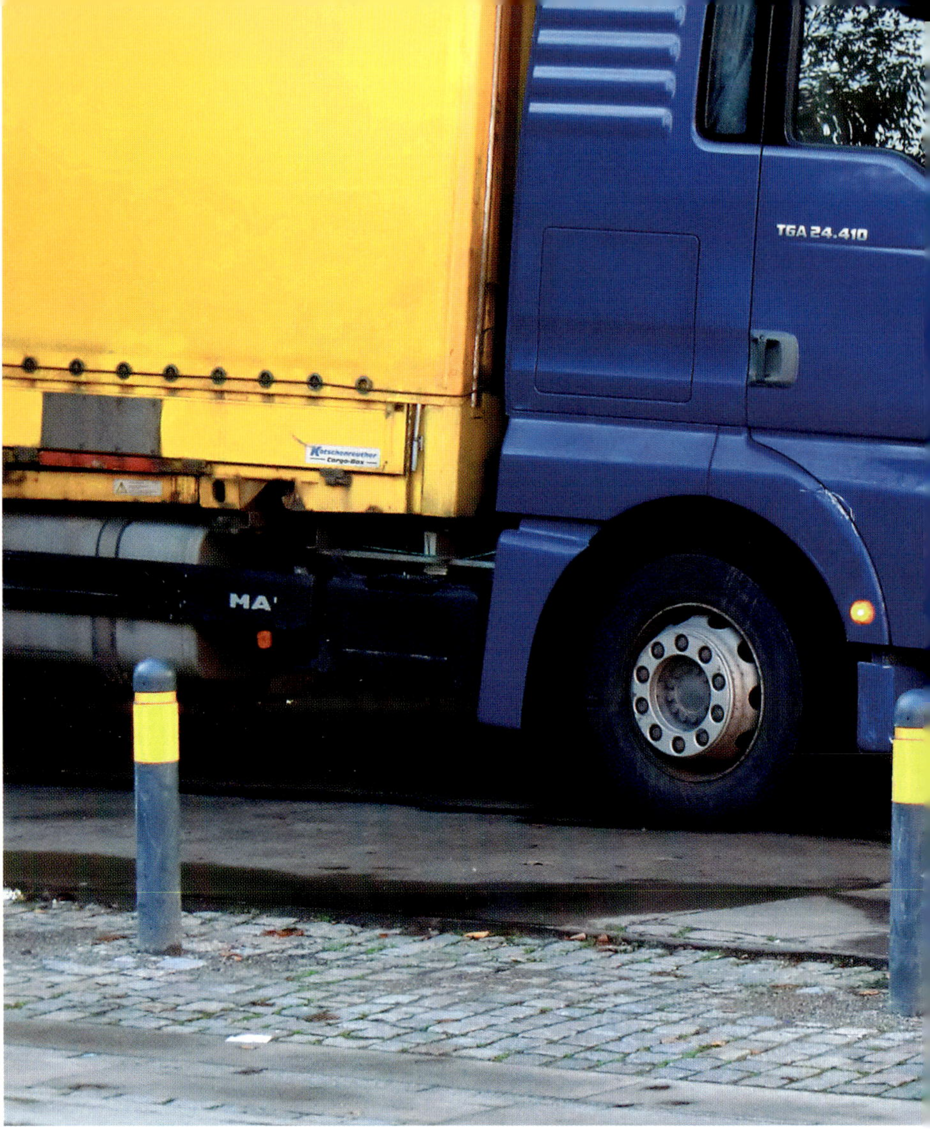

61 Übertragung per Speicherkartenleser

Um überhaupt etwas Vernünftiges mit Ihren Bildern anstellen zu können, müssen Sie diese zunächst von der Speicherkarte der Kamera auf Ihren Computer übertragen. Das kann man entweder direkt von der Kamera via USB- oder Firewire-Kabel tun (siehe Bedienungsanleitung der Kamera) oder mithilfe eines Speicherkartenlesers, der in einen freien USB-Anschluss des Computers gesteckt wird. Letzteres ist zu empfehlen, weil Sie so die Batterie der Kamera schonen keine besondere und

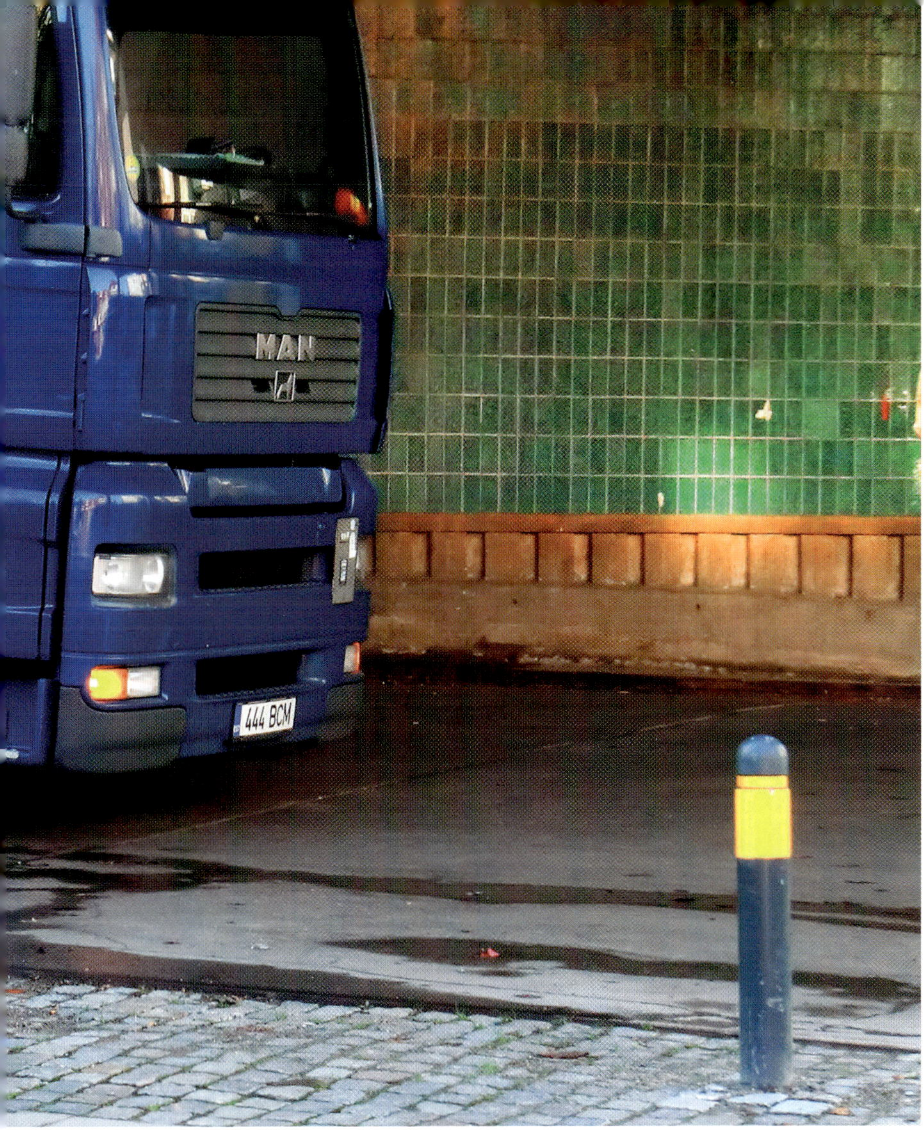

Die meisten Computer verfügen über einen eingebauten Speicherkartenleser zum Einlesen von Kamerabildern. Es gibt aber auch externe Speicherkartenleser zu kaufen, die über einen freien USB-Anschluss an den Computer angeschlossen werden.

Software benötigen. Bei einigen Computern ist ein solcher Kartenleser bereits eingebaut, falls nicht, gibt es sie bereits ab 10 Euro in jedem Fotogeschäft zu kaufen. Achten Sie beim Kauf darauf, dass Sie einen Speicherkartenleser wählen, der zur Speicherkarte Ihrer Kamera passt.

Wenn Sie die Speicherkarte in das am Computer angeschlossene Lesegerät einführen, erscheint der Inhalt der Speicherkarte direkt auf dem Computerbildschirm. Kopieren Sie die Bilder auf die Festplatte, indem Sie sie in einen dafür reservierten Ordner ziehen.

BILD TOBIAS HAGBERG

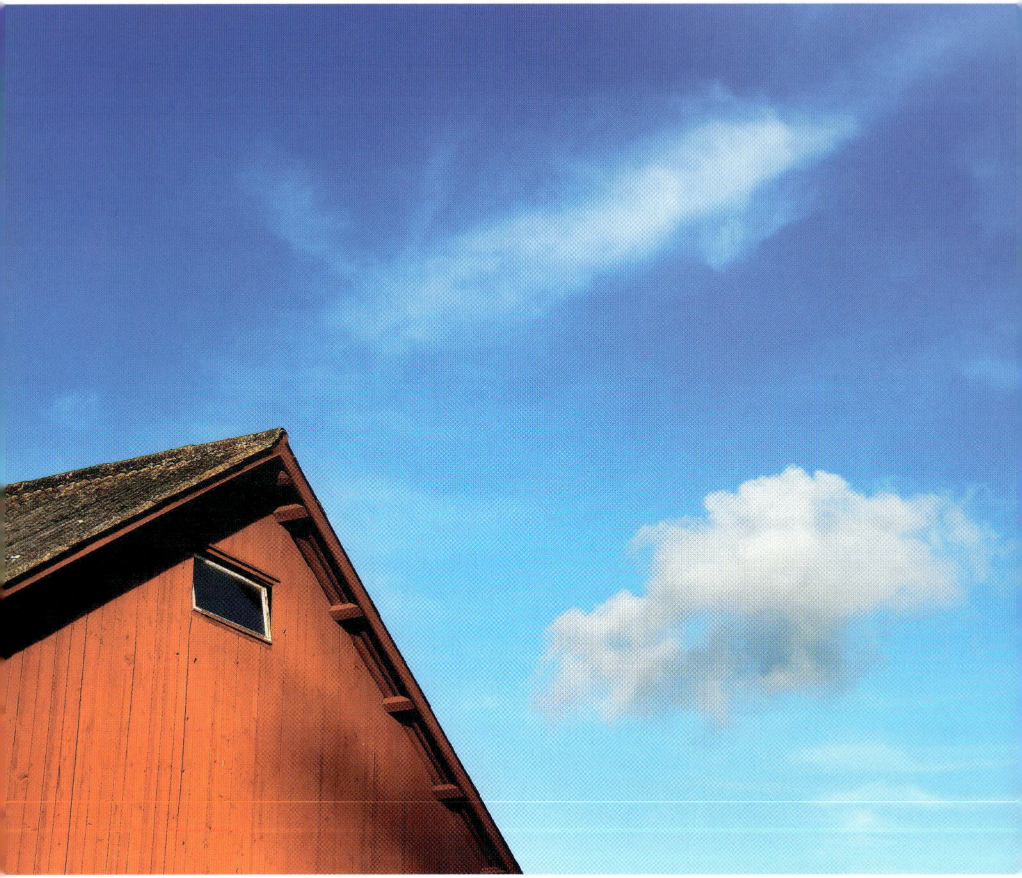

Es gibt eine Reihe von guten und einfachen Bildbearbeitungsprogrammen, die auch für Anfänger geeignet sind. GIMP und Photoshop Elements sind zwei Beispiele, die in diesem Buch vorgestellt werden.

62 Dunkelkammer-Tipps

Um Ihre Bilder im Nachhinein zu verbessern – indem Sie sie beschneiden, die Farben korrigieren, rote Augen verschwinden lassen und vieles mehr – gibt es eine ganze Reihe von Bildbearbeitungsprogrammen. Mit den nachfolgenden Tipps lernen Sie die wichtigsten Schritte aus den beiden Softwareprogrammen Photoshop Elements und GIMP kennen. Photoshop Elements gibt es für rund einhundert Euro im Computer- und Fotohandel zu kaufen (manchmal gibt es die Software sogar gratis beim Kauf einer Kamera oder eines Scanners dazu). Photoshop Elements läuft sowohl auf Mac OS als auch auf Windows. GIMP, das Sie kostenlos unter www.gimp.org herunterladen können, funktioniert sowohl für Mac OS, als auch für Windows und Linux. Beide

BILD TOBIAS HAGBERG

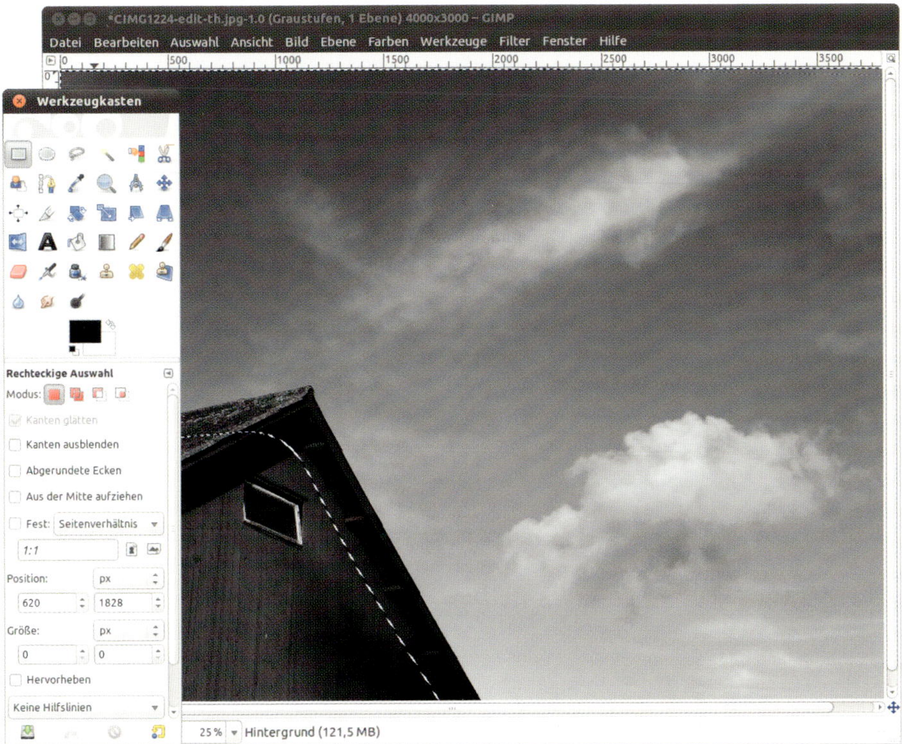

Der Werkzeugkasten der kostenlosen Bildbearbeitungssoftware GIMP enthält alles, was Sie benötigen. Wählen Sie ein Werkzeug aus, indem Sie es anklicken. Für eine kurze Anleitung halten Sie die Maus über das entsprechende Symbol. Die Anwendung bei Photoshop funktioniert ähnlich.

Programme sind für Anfänger gleichermaßen geeignet, es spielt also keine Rolle, für welches Sie sich entscheiden – die nachfolgenden Tipps funktionieren auf jeden Fall.

Die Erklärungen zur digitalen Dunkelkammer sind thematisch aufgebaut und auch für denjenigen nachvollziehbar, der kein Computerexperte ist. Die Tipps behandeln grundlegende Verfahren, unabhängig davon, welches Bildbearbeitungsprogramm verwendet wird. Deshalb können Bezeichnungen, Menünamen und Arbeitsschritte variieren und die einzelnen Arbeitsschritte bei anderen Programmen entsprechend anders aussehen.

Die nachfolgenden Tipps führen Sie in die wichtigsten Handgriffe in Ihrer eigenen digitalen Dunkelkammer ein, und Sie werden erstaunt sein, wie viel Sie hiermit erreichen können.

63 Nie ohne Sicherungskopie

Wenn Sie ein Bild im Bildbearbeitungsprogramm öffnen, sollten Sie stets mit einem einfachen, aber wichtigen Schritt beginnen: Speichern Sie jedes Foto immer zuerst in einer neuen Datei, die einen anderen Namen als die Originaldatei erhält. Betrachten Sie die Originaldatei als eine Art Negativ, das es vorsichtig zu behandeln gilt. Ändern Sie also immer nur die neue Datei! Vielleicht bereuen Sie es später, dass Sie ein Bild beschnitten oder eine Farbnuance verändert haben. Dann ist es gut, wieder auf die Originaldatei zurückgreifen zu können.

Falls Sie unsicher sind, in welchem Bildformat Sie das Foto abspeichern sollen, verwenden Sie das Dateiformat TIFF, das Photoshop-Format PSD oder das GIMP-Format XCF für die Bilder, die Sie bearbeitet haben, selbst wenn das Ursprungsformat der Kamera JPEG war. Die empfohlenen Formate sind alle nicht verlustbehaftet, und es spielt keine Rolle, welches Sie wählen (siehe Tipp 4). JPEG sollten Sie nur für Fotos wählen, deren Dateigröße Sie verkleinern möchten, zum Beispiel um das Foto ins Internet zu stellen oder um es per E-Mail zu versenden (siehe Tipp 69). Wenn Sie Abzüge bei einem Fotodienstleister in Auftrag geben wollen, sollten Sie diesem auch nur JPEG-Dateien, allerdings in bester Qualität bzw. schwächster Komprimierungsstufe, übergeben.

Speichern Sie jedes Bild zunächst unter einem neuen Namen ab (hier GIMP).

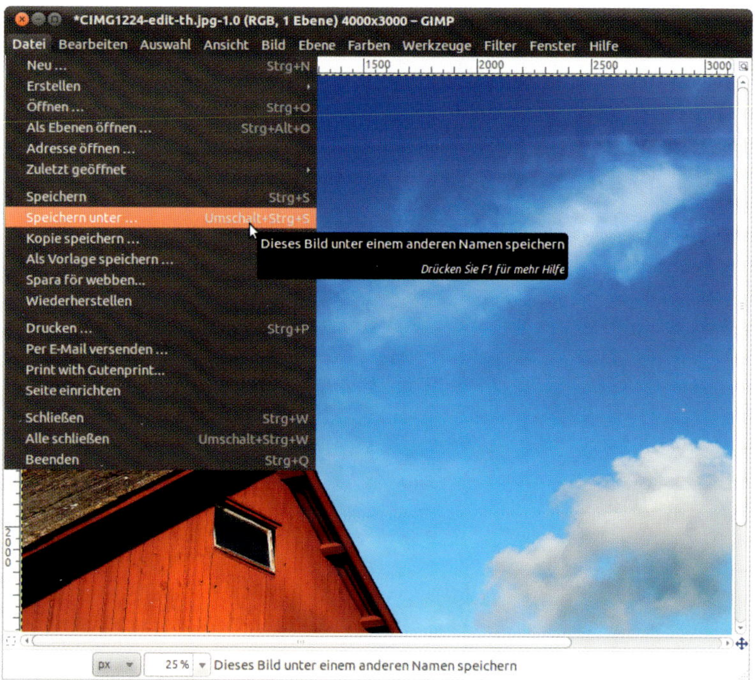

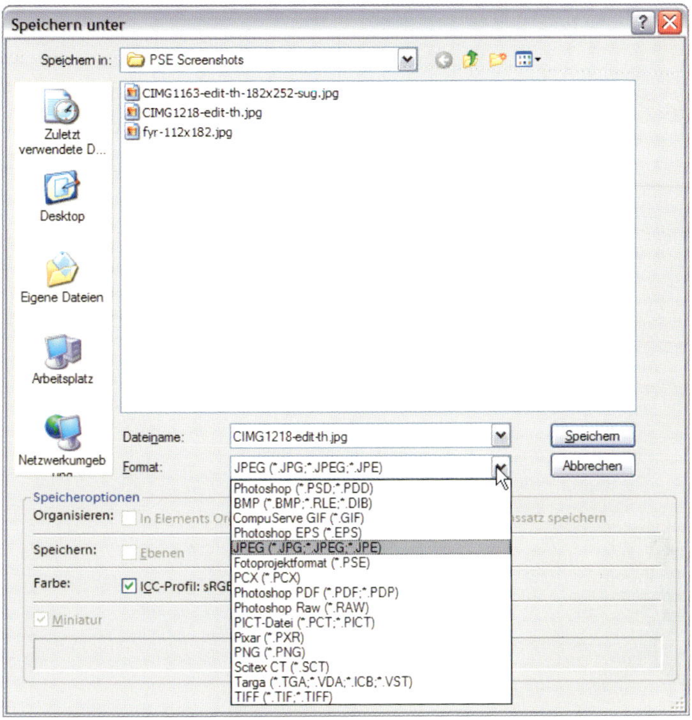

Beim Speichern können Sie aus allen üblichen Bildformaten wählen (hier Photoshop Elements).

Anleitung für GIMP

- Gehen Sie in das Datei-Menü und wählen Sie Öffnen.
- Blättern Sie durch den Ordner mit den Bildern, die Sie auf die Festplatte übertragen habe
- Markieren Sie das Bild, das Sie bearbeiten möchten, und klicken Sie auf Öffnen. Das Bild wird geöffnet. Speichern Sie die Bilddatei zunächst unter einem neuen Namen.
- Gehen Sie in das Datei-Menü im neu geöffneten Fenster und wählen Sie Speichern unter. Ein neues Fenster öffnet sich.
- Wählen Sie den Ordner, in dem Sie das Bild speichern möchten.
- Geben Sie der neuen Bilddatei einen neuen Namen im entsprechenden Feld.
- Klicken Sie dann auf Dateityp wählen, so öffnet sich eine Liste mit den unterschiedlichen Formaten, in denen Sie das Bild abspeichern können. Wählen Sie den Dateityp und klicken Sie auf Speichern.

Anleitung für Photoshop Elements

- Gehen Sie in das Datei-Menü und wählen Sie Öffnen.
- Blättern Sie durch den Ordner mit den Bildern, die Sie auf die Festplatte übertragen haben.
- Markieren Sie die Bilddatei, das Sie bearbeiten möchten, und klicken Sie auf Öffnen. Das Bild wird geöffnet. Speichern Sie die Bilddatei zunächst unter einem neuen Namen.
- Gehen Sie in das Datei-Menü im neu geöffneten Fenster und wählen Sie Speichern unter. Nun öffnet sich das Fenster Speichern unter. (Falls Sie Elements bisher noch nicht auf Ihrem Computer verwendet haben, öffnet sich ein Fenster mit Informationen, wie Sie den Elements Organizer verwenden. Ignorieren Sie die Information an dieser Stelle und machen Sie sich später mit dem Elements Organizer vertraut. Klicken Sie auf OK und das Fenster schließt sich.)
- Wählen Sie den Ordner, in dem Sie das Bild speichern möchten.
- Geben Sie der Bilddatei einen neuen Namen im entsprechenden Feld.
- Klicken Sie auf Speichern.

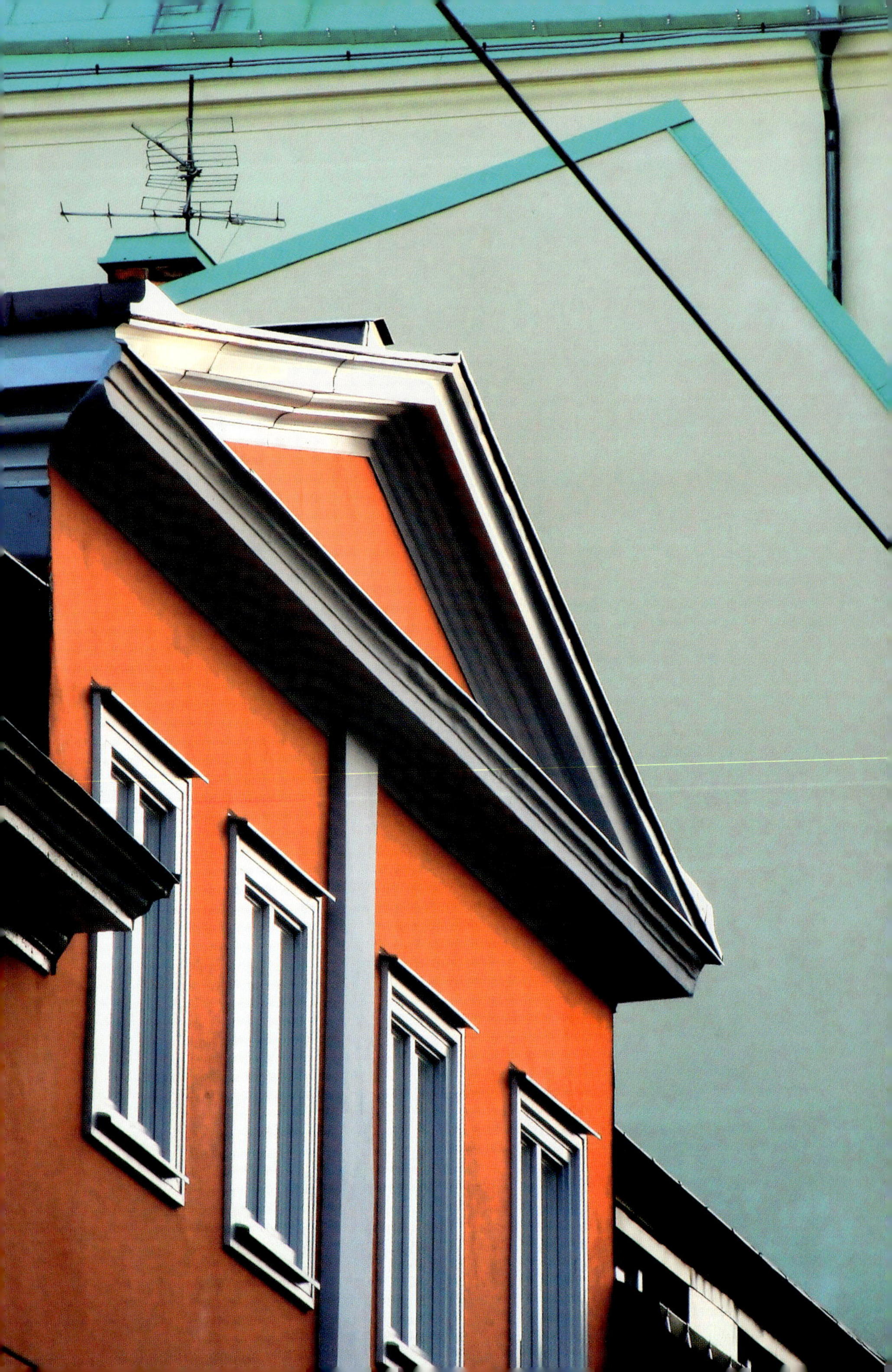

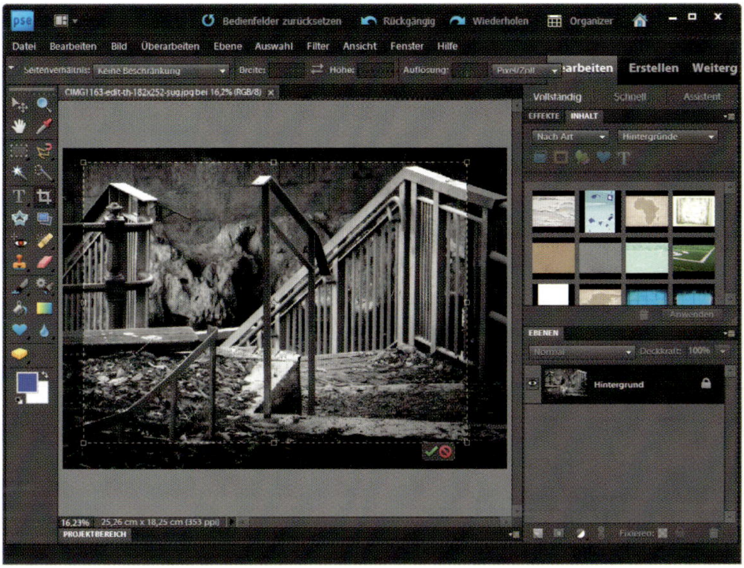

Natürlich werden Bilder grundsätzlich im Sucher der Kamera bzw. auf dem Display gestaltet. Häufig lässt sich die Balance im Bild aber im Nachhinein verbessern, indem man es ein klein wenig beschneidet (hier Photoshop Elements).

64 Fotos beschneiden

Mit einem Bildbearbeitungsprogramm lässt sich ein Foto nachträglich verbessern, indem man es beschneidet bzw. einen Ausschnitt freistellt. Manchmal gelingt es während des eigentlichen Fotografierens nicht, durch den Sucher bzw. auf dem Display die optimale Bildkomposition zu erkennen, oder man entschließt sich im Nachhinein für ein quadratisches Format statt für das klassische Rechteck. Häufig entdeckt man auch erst auf den zweiten Blick ein Detail im Bild, das man besonders hervorheben möchte.

Anleitung für GIMP

- Wählen sie das Werkzeug Beschneiden.
- Klicken Sie auf das Symbol und ziehen Sie es zu Ihrem Bild. Dadurch entsteht eine rechteckige Schablone, deren Dimensionen Sie durch Anklicken und Ziehen an den Seiten bzw. Ecken verändern können. Durch Anklicken in der Mitte der Schablone und gleichzeitiges Ziehen können Sie diese auch komplett verschieben.
- Wenn Sie mit dem gewählten Bildausschnitt zufrieden sind, doppelklicken Sie auf das Rechteck, und das Foto wird nach Ihren Wünschen beschnitten. Um den Vorgang abzubrechen, klicken Sie auf eine Stelle außerhalb des Rechtecks.
- Speichern Sie das bearbeitete Bild unter einem anderen Namen als die Originaldatei.

Anleitung für Photoshop Elements

- Wählen Sie das Freistellungswerkzeug aus der Werkzeugpalette aus.
- Führen Sie den Mauszeiger auf das Bild, klicken Sie auf eine Bildstelle und ziehen Sie mit der Maus ein Auswahlrechteck auf. Die Dimensionen des Rechtecks können Sie durch Ziehen mit der Maus an den Seiten bzw. Ecken verändern. Wenn Sie das Auswahlrechteck in der Mitte anklicken und die Maus ziehen, können Sie das Rechteck auch komplett verschieben.
- Klicken Sie auf den grünen Haken am unteren Rand des Ausschnitts, wenn Sie zufrieden sind, und der Bildausschnitt wird nach Ihren Wünschen freigestellt. Um den Vorgang abzubrechen, klicken Sie auf das rote Verbotssymbol.
- Speichern Sie das bearbeitete Bild unter einem anderen Namen als die Originaldatei.

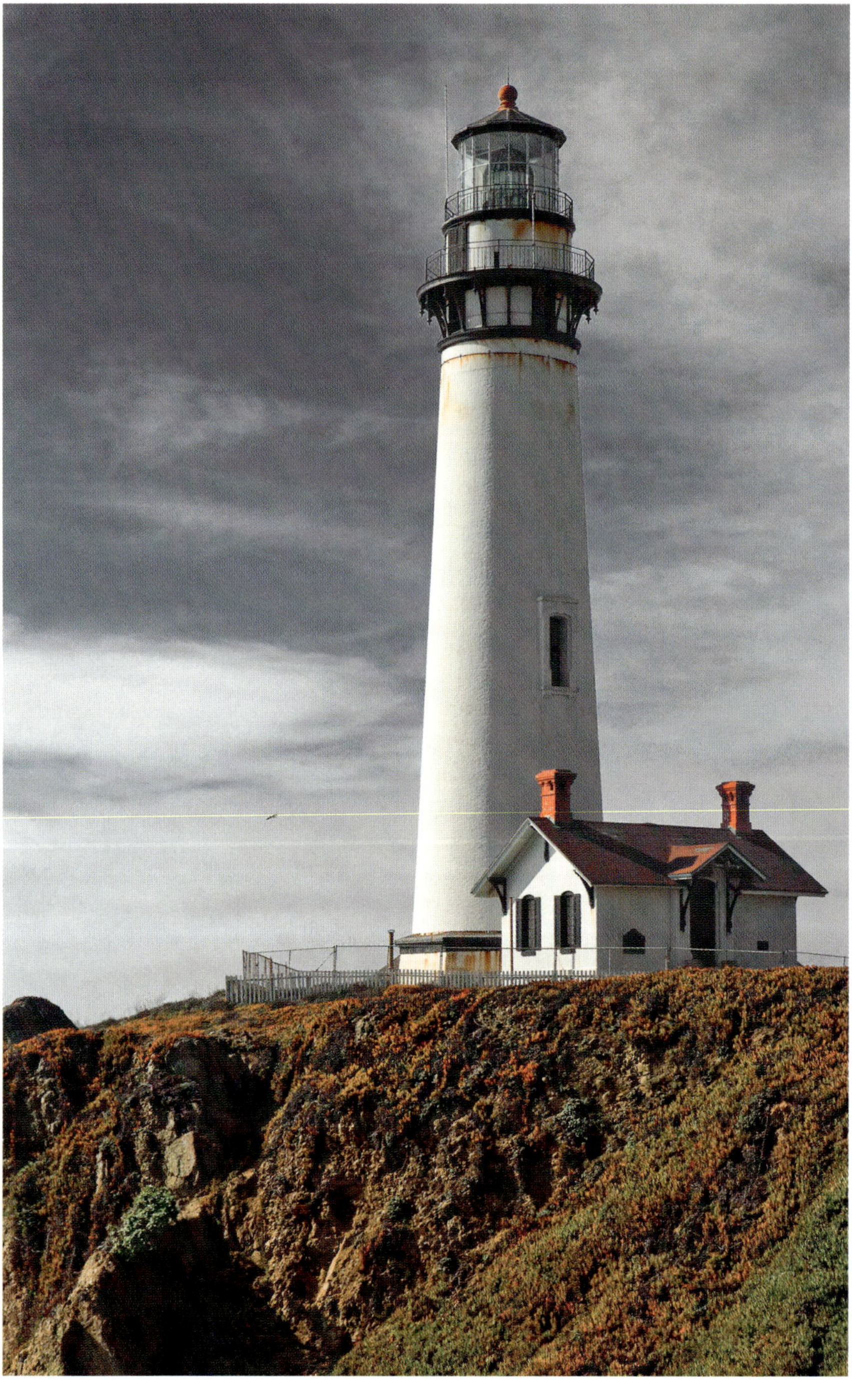

BILD GERHARD ROSSBACH

65 Bilder drehen und ausrichten

Ein Foto, das im Hochformat aufgenommen wurde, kann unter Umständen im Querformat auf dem Bildschirm angezeigt werden und muss dann um 90 Grad gedreht werden (im oder gegen den Uhrzeigersinn). Hierzu gibt es eine Schnellfunktion unter der Rubrik Bild > Drehen bei Photoshop Elements oder Bild > Ausrichten bei GIMP.

Wenn man es beim Fotografieren eilig hat, kann es schnell passieren, dass der Horizont nicht gerade wird oder ein Baum schief im Foto steht. Ein solches Bild lässt sich mit diesen Optionen leicht korrigieren, indem man es ein paar Grad um den Bildmittelpunkt dreht. Im Folgenden beschreibe ich jedoch Verfahren, die Ihnen mehr Möglichkeiten bieten.

Anleitung für GIMP

- Wählen Sie die Funktion Drehen im Werkzeugkasten.
- Durch Anklicken und Ziehen des Symbols im Bild lässt sich das Foto um seine eigene Achse drehen. Gleichzeitig öffnet sich ein neues Fenster, in dem man von Hand den genauen Winkel eingeben kann, um den das Bild gedreht werden soll. Es ist auch möglich, den Mittelpunkt für die Drehung zu verlagern, indem man ihn an eine andere Stelle des Bildes zieht oder im Fenster Drehen von Hand neue Werte dafür eingibt.
- Klicken Sie auf Drehen, wenn Sie mit dem Ergebnis zufrieden sind, und speichern Sie das Bild unter neuem Dateinamen ab.

Anleitung für Photoshop Elements

- Wählen Sie die Funktion Transformieren > Frei transformieren, und es erscheint ein Markierungsrahmen rund um das Bild.
- Durch Anklicken und Ziehen an den kleinen viereckigen Markierungspunkten längs des Markierungsrahmens (einer in jeder Ecke und einer in der Mitte jeder Seitenkante), beginnt sich das Bild um seine Achse zu drehen.
- Klicken Sie auf den grünen Haken, wenn sie mit dem Ergebnis zufrieden sind. Zum Abbrechen klicken Sie auf das rote Verbotssymbol).
- Speichern Sie das Bild unter neuem Dateinamen ab.

Mit der Funktion Frei transformieren können Sie mit der Maus ein Bild um seinen Mittelpunkt drehen, wobei Sie die Gradzahl in der Optionenleiste darüber ablesen können (hier Photoshop Elements).

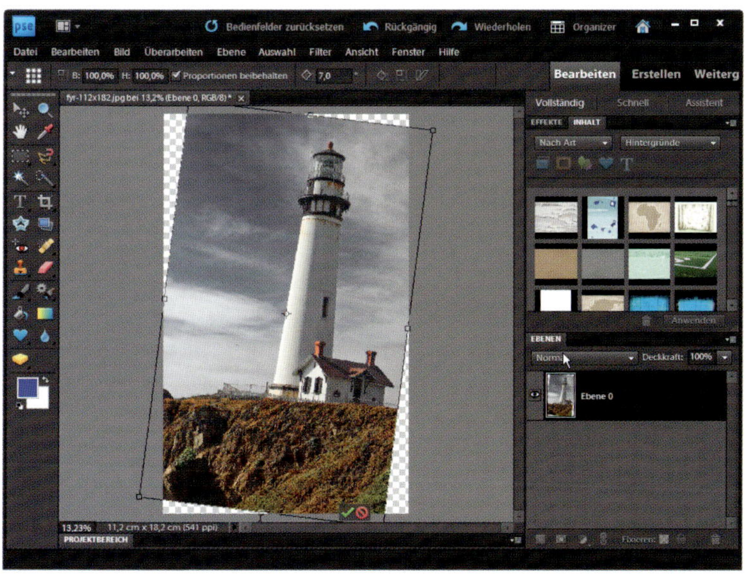

66 Farben, Helligkeit und Kontraste

Fast alle Bilder lassen sich durch die Anpassung des Weißabgleichs und der Tonwerte verbessern. Häufig haben die Bilder einen schwachen, aber sichtbaren Farbstich, der daher rührt, dass die Kamera den Weißabgleich nicht ganz korrekt einstellen konnte. Digitalfotografien tut die Erhöhung des Kontrasts meist gut, weil dabei eine Art grauer Schleier aus den Bildern verschwindet. Der Schleier entsteht dadurch, dass Digitalkameras alle Informationen aus den dunklen und hellen Bildpartien bewahren, was auf Kosten des Kontrastes geht. Die Lösung dieses Problems findet sich im Bildbearbeitungsprogramm.

Das Fenster Werte bzw. Tonwertkorrektur hat viele nützliche ausgeklügelte Funktionen. Unter anderem kann man die Werte für jeden der drei Farbkanäle, die in einem Bild vorkommen – also rot, blau und grün (RGB) – einzeln verändern, falls man mit der automatischen Variante nicht zufrieden ist.

Anleitung für GIMP

- Wählen Sie im Menü Farben die Funktion Werte, und öffnen Sie ein neues Fenster. Kontrollieren Sie, ob die Vorschau aktiviert ist, damit Sie den Effekt einer Veränderung direkt überprüfen können.
- Unter der Überschrift Quellwerte finden Sie ein so genanntes Histogramm. Durch Ziehen der kleinen Pfeile unterhalb des Histogramms nach rechts oder links kann man die Farbtöne im Bild verändern. Testen Sie die verschiedenen Möglichkeiten aus, oder verwenden Sie einfach die Funktion Auto rechts unten im Fenster. Das Programm optimiert die Einstellungen dann ganz automatisch.
- Wenn Sie mit dem Ergebnis zufrieden sind, klicken Sie auf OK, um die Veränderungen zu speichern, und schließen das Fenster Werte. Denken Sie wie immer daran, das bearbeitete Bild unter einem neuen Dateinamen zu speichern.

Anleitung für Photoshop Elements

- Wählen Sie im Menü Überarbeiten > Beleuchtung anpassen die Funktion Tonwertkorrektur. Das Fenster Tonwertkorrektur wird geöffnet. Kontrollieren Sie, ob die Vorschau aktiviert ist, damit Sie den Effekt einer Veränderung direkt überprüfen können.
- Unter der Überschrift Tonwertspreizung finden Sie ein so genanntes Histogramm. Durch Ziehen der kleinen Pfeile unterhalb des Histogramms nach rechts oder links kann man die Tonwerte im Bild verändern. Testen Sie die verschiedenen Möglichkeiten aus, oder verwenden Sie einfach die Funktion Auto rechts im Fenster. Das Programm optimiert die Tonwerte dann automatisch.
- Wenn Sie mit dem Ergebnis zufrieden sind, klicken Sie auf OK, um die Veränderungen zu speichern. Das Fenster Tonwertkorrektur wird geschlossen. Denken Sie wie immer daran, das bearbeitete Bild unter einem neuen Dateinamen zu speichern.

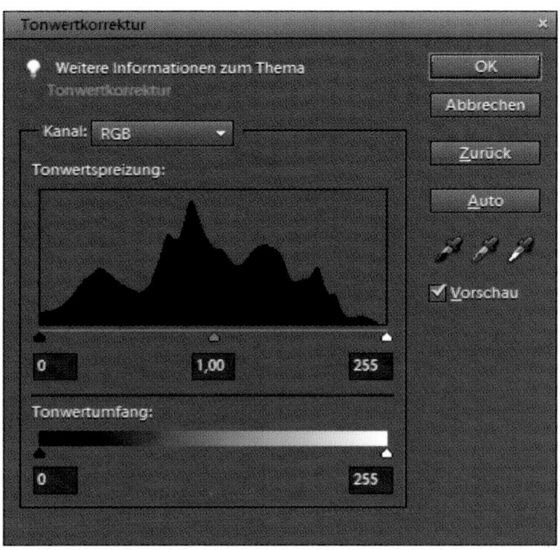

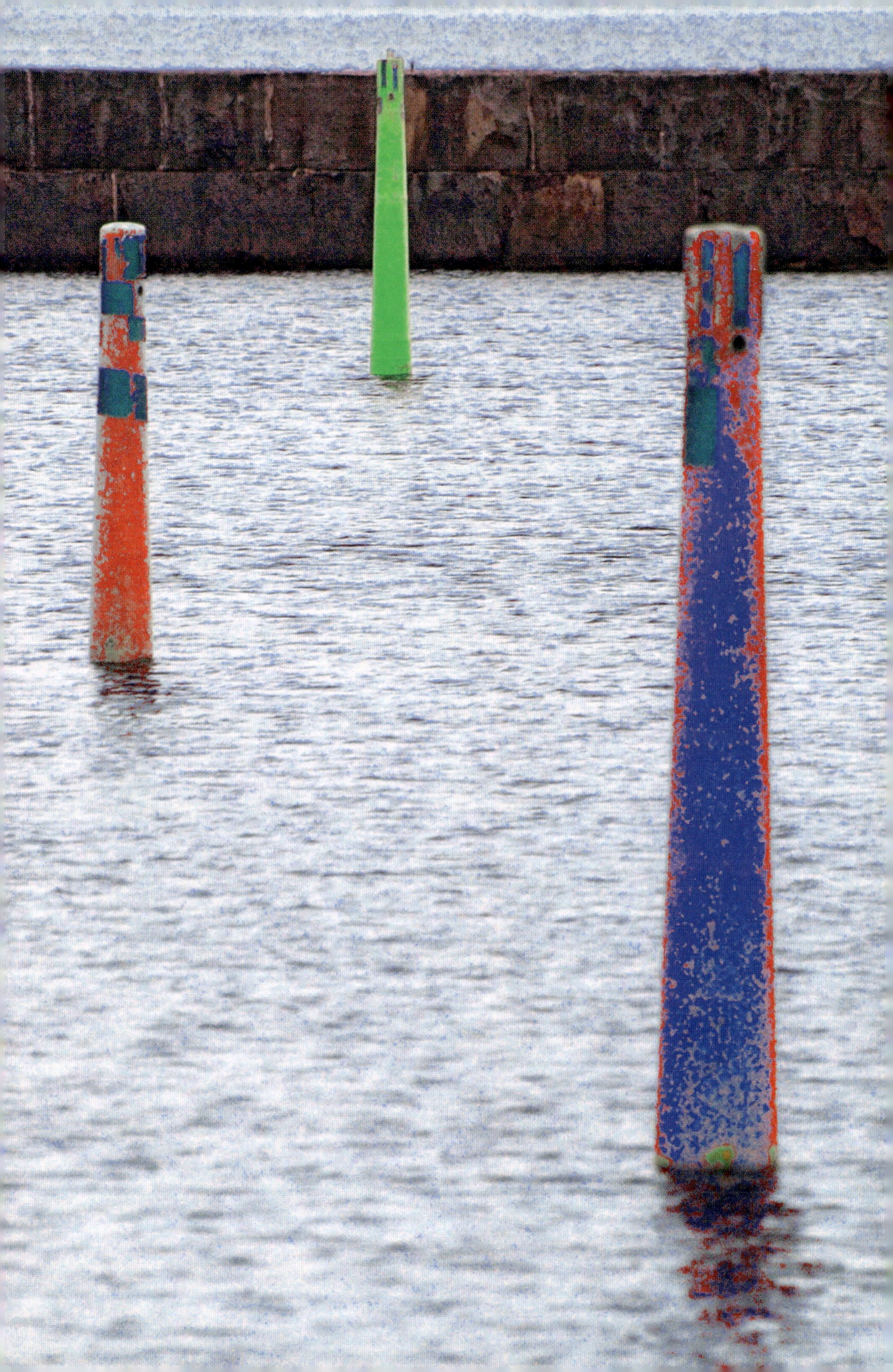

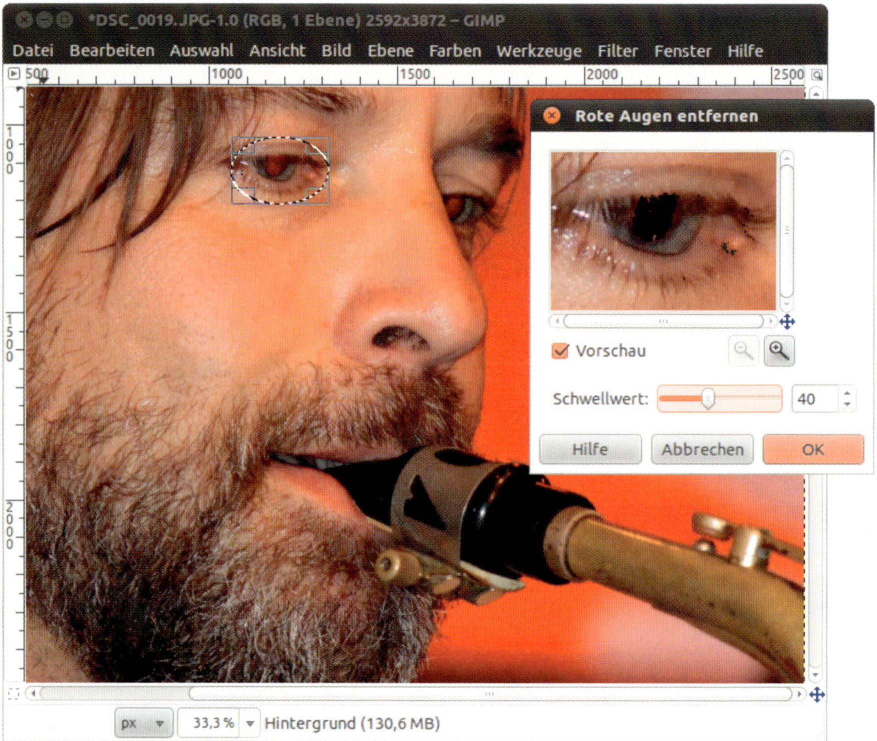

Rote Augen sind ein Fluch, aber mit einem Bildbearbeitungsprogramm können Sie das Problem leicht lösen (hier GIMP).

67 Weg mit den roten Augen

Bei Innenaufnahmen mit dem eingebauten Blitz der Kamera entstehen häufig rote Augen, auch wenn die Kamera über eine Funktion zur Reduzierung dieses Problems verfügt. Bildbearbeitungsprogramme bieten einen speziellen Filter an, mit dem die roten Pupillen ganz einfach ihre natürliche Schwärze wiedererlangen können.

Anleitung für GIMP

- Markieren Sie zunächst den Bereich rund um ein Auge. Verwenden Sie hierzu eines der beiden Markierungswerkzeuge in der obersten Reihe des Werkzeugkastens.
- Im Filtermenü wählen Sie jetzt die Funktion Verbessern > Rote Augen entfernen. Das gleichnamige Fenster öffnet sich.
- Kontrollieren Sie, ob die Vorschau aktiviert ist, und verschieben Sie den Regler für den Schwellwert so lange, bis Sie mit dem Resultat zufrieden sind.
- Anschließend auf OK klicken und unter neuem Namen abspeichern.

Anleitung für Photoshop Elements

- Wählen Sie das Werkzeug Rote Augen entfernen aus der Werkzeugpalette aus.
- Klicken Sie einfach auf die rote Pupille. Die rote Farbe verschwindet automatisch.
- Wiederholen Sie den Vorgang mit dem anderen Auge.
- Speichern Sie das bearbeitete Bild unter einem neuen Namen.

BILD CAMILLA ERIKSSON

68 Die Bildschärfe verbessern

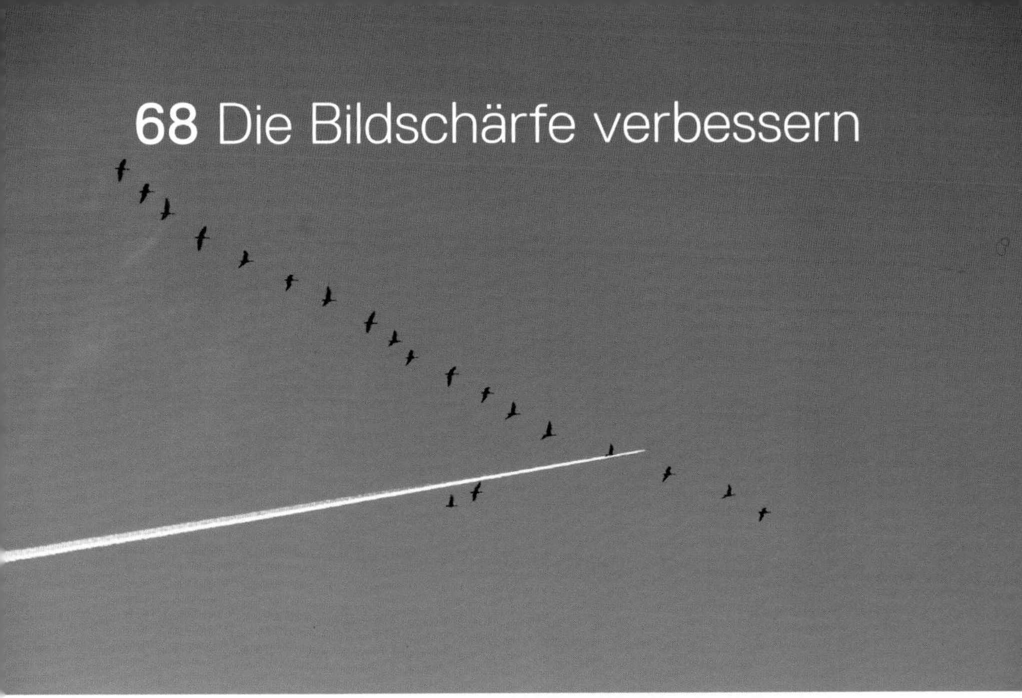

Der Scharfzeichnungsfilter erhöht den Kontrast entlang der Linien und Kanten, wodurch das gesamte Bild schärfer wirkt.

Will man die fertigen Bilder mit dem Fotodrucker ausdrucken oder per E-Mail verschicken, gibt es einen kleinen Trick, wie man den Bildern den letzten Schliff gibt – durch die Anwendung des Schärfefilters Unscharf maskieren. Trotz des irreführenden Namens sehen die Bilder nach ein paar Mausklicks schärfer aus, weil der Filter die Kontraste zwischen den hellen und den dunklen Kanten erhöht.

Anleitung für GIMP

- Filter-Menü im offenen Bildfenster öffnen und Verbessern wählen, dann Unscharf maskieren. Das Fenster Unscharf maskieren wird geöffnet.
- Verstellen Sie zunächst den Wert Radius. Je höher die Auflösung, desto höher der Wert, den Sie wählen sollten. Ein guter Ausgangpunkt ist ein Wert von 2.
- Jetzt geht es an den Wert Menge. Geben Sie an, wie hoch der Schärfeeffekt sein soll, den Sie auf das Bild anwenden möchten. Probieren Sie es zunächst mit einem Wert von 0,5.
- Nun kommt der Schwellwert. Ein niedriger Wert macht alles im Bild schärfer, ein hoher Wert belässt die einfarbigen Bildpartien so, wie sie waren (z. B. den Himmel). Beginnen Sie mit einem möglichst hohen Wert, um Bildrauschen zu vermeiden, und senken Sie den Wert nur, wenn wichtige Bildpartien noch unscharf erscheinen.
- Anschließend auf OK klicken. Es kann einen Augenblick dauern, bis der Filter mit seiner Arbeit fertig ist und das Ergebnis auf dem Bildschirm erscheint. Speichern Sie das bearbeitete Bild unter einem neuen Dateinamen.

Anleitung für Photoshop Elements

- Wählen Sie zunächst das Menü Verbessern, dann Unscharf maskieren. Das Fenster Unscharf maskieren wird geöffnet.
- Verstellen Sie zunächst den Wert Stärke. Geben Sie an, wie hoch der Schärfeeffekt sein soll, den Sie auf das Bild anwenden möchten. Probieren Sie es zunächst mit einem Wert von 50 Prozent.
- Stellen Sie jetzt den Radius ein. Je höher die Auflösung des Bildes, desto höher der Wert, den Sie wählen sollten. Ein guter Ausgangpunkt ist ein Wert von 2.
- Nun kommt der Schwellenwert. Ein niedriger Wert macht alles im Bild schärfer, ein hoher Wert lässt die einfarbigen Bildpartien so, wie sie waren (z. B. den Himmel). Beginnen Sie mit einem möglichst hohen Wert, um Bildrauschen zu vermeiden, und senken Sie den Wert nur, wenn wichtige Bildpartien noch unscharf erscheinen.
- Anschließend auf OK klicken. Es kann einen Augenblick dauern, bis der Filter mit seiner Arbeit fertig ist und das Ergebnis auf dem Bildschirm erscheint. Speichern Sie das bearbeitete Bild unter einem neuen Dateinamen.

69 Bilder verkleinern

Um Bilder via E-Mail an Freunde und Bekannte zu versenden, ist es ratsam, eine verkleinerte Kopie des Bildes anzufertigen, die weniger Speicherplatz auf der Festplatte benötigt als das Originalbild, und somit leichter zu versenden ist.

Verwenden Sie dazu das Bildformat JPEG für Bilder. Vekleinern Sie das Bild auf genau die Größe, in der es in der E-Mail bzw. auf der Webseite zu sehen sein soll (siehe Tipp 71). Bei einer Ansichtsbreite von 800 Bildpunkten (Pixeln) verkleinern Sie das Bild daher auch auf eine Breite von 800 Bildpunkten. Ein Punkt im Bild wird dann unverfälscht als ein Bildpunkt auf dem Bildschirm angezeigt, also im Verhältnis 1:1. Eine höhere Anzahl Bildpunkte ist in der Regel nicht praktikabel, weil das Bild auf jeden Fall vom Bildprogramm verkleinert werden muss, damit es auf dem Bildschirm gezeigt werden kann.

Nachdem Sie das Bild verkleinert haben, ist es ratsam, es auch ein klein wenig zu schärfen. Verwenden Sie den Wert 1 für den Parameter Radius, wenn das Bild verkleinert wurde und im Verhältnis 1:1 auf dem Bildschirm angezeigt werden soll, dann wird es natürlich erscheinen (siehe Tipp 67).

Verkleinern Sie Bilder, bevor Sie sie per E-Mail verschicken oder ins Internet stellen (hier in GIMP).

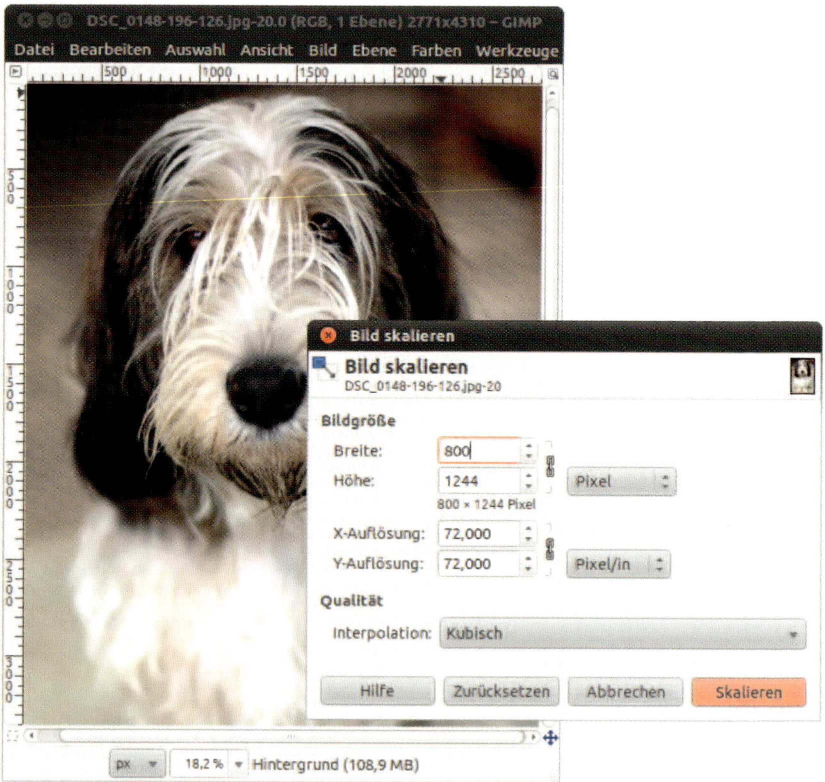

BILD TOBIAS HAGBERG

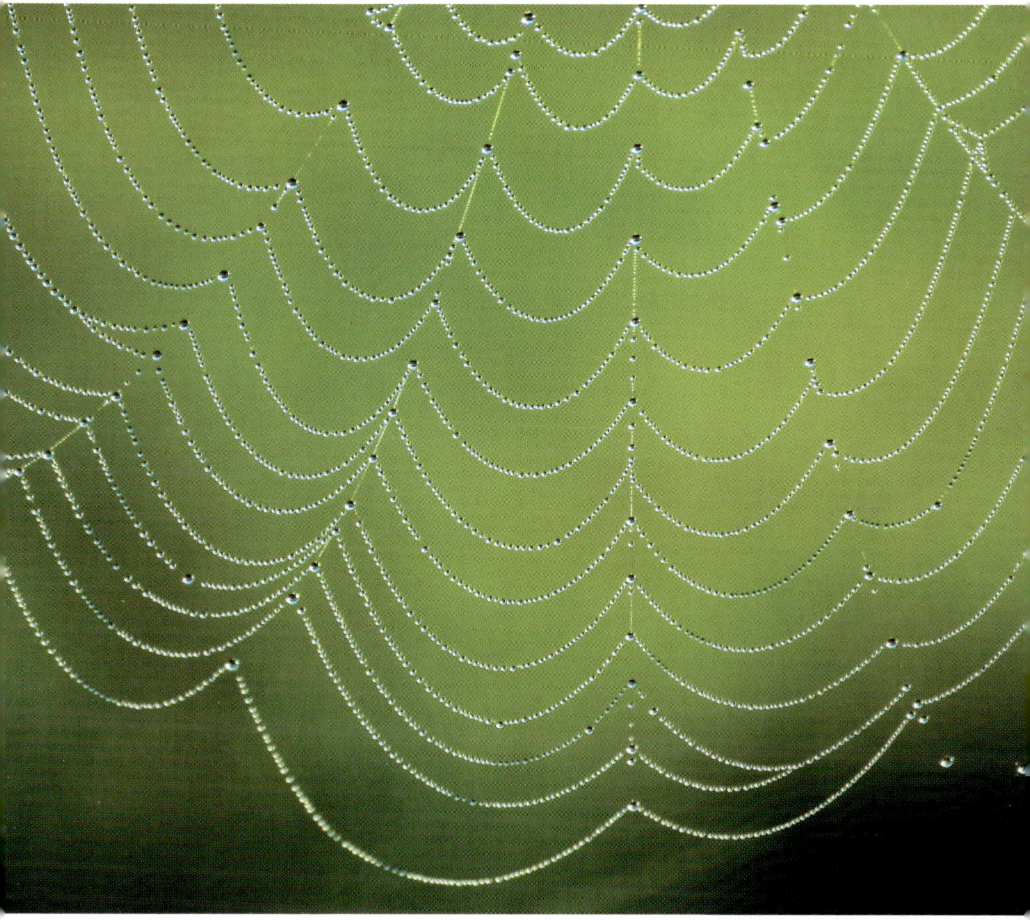

Für Bilder, die per E-Mail verschickt oder z. B. auf Facebook eingestellt werden sollen, reicht eine Breite von 600 bis 800 Pixel.

Anleitung für GIMP

- Bild-Menü im geöffneten Bildfenster öffnen und Bild skalieren wählen. Das Fenster Bild skalieren öffnet sich.
- Überprüfen Sie, ob das Kettensymbol zwischen den Feldern Breite und Höhe intakt ist, falls nicht, klicken Sie darauf und verbinden die Glieder miteinander. Das Bildbearbeitungsprogramm berechnet jetzt automatisch die Höhe neu, wenn die Breite verändert wird und umgekehrt, sodass die Proportionen des Bildes nach dem Skalieren gleich bleiben.
- Verändern Sie nun entweder die Breite oder die Höhe auf die gewünschte Anzahl Bildpunkte.
- Anschließend auf Skalieren klicken und Bild unter neuem Dateinamen abspeichern.

Anleitung für Photoshop Elements

- Gehen Sie ins Bild-Menü und wählen Sie die Funktion Skalieren > Bildgröße. Es öffnet sich das Fenster Bildgröße.
- Überprüfen Sie, ob das Kettensymbol zwischen den Feldern Breite und Höhe angezeigt wird. Falls nicht, setzen Sie ein Häkchen vor die Option Proportionen beibehalten. Nun wird das Kettensymbol angezeigt. Das Bildbearbeitungsprogramm berechnet jetzt automatisch die Höhe neu, wenn die Breite verändert wird und umgekehrt, sodass die Proportionen des Bildes nach dem Skalieren gleich bleiben.
- Verändern Sie nun entweder die Breite oder die Höhe auf die gewünschte Anzahl Bildpunkte.
- Anschließend auf OK klicken und Bild unter neuem Dateinamen abspeichern.

BILD MARIE RYTKÖLÄ

70 Digitalbilder sicher aufbewahren

Digitalbilder müssen genau wie Negative sicher aufbewahrt werden, damit sie nicht verloren gehen. In der Digitalfotografie müssen deshalb regelmäßig Sicherungskopien der Fotos gemacht werden. Hier beschreiben wir eine Lösung, die zwar etwas umständlich ist, aber garantiert dafür sorgt, dass die Bilder nicht plötzlich verschwinden.

Zunächst sollte man in einen DVD-Brenner und einen Stapel DVD-Rohlinge investieren. Die zuletzt überschriebenen Bilder werden immer auf einer DVD gespeichert und an einem sicheren Ort verwahrt, zum Beispiel in einer Schreibtischschublade im Büro oder sogar in einem Bankschließfach. Sollte das Haus abbrennen, bleiben wenigstens die Fotoerinnerungen erhalten. DVDs haben allerdings den Nachteil, dass sie altern – es ist überhaupt nicht sicher, ob man sie auch nach Jahrzehnten noch lesen kann. Um das Risiko zu minimieren, alle Bilder zu verlieren, sowie um sich vor einem Absturz der Festplatte zu schützen (die Tatsache, dass Ihnen das bisher noch nicht passiert ist, bedeutet nicht, dass Sie davor sicher sind), sollte man sich eine zusätzliche Festplatte anschaffen. Am besten ist eine externe, tragbare Festplatte

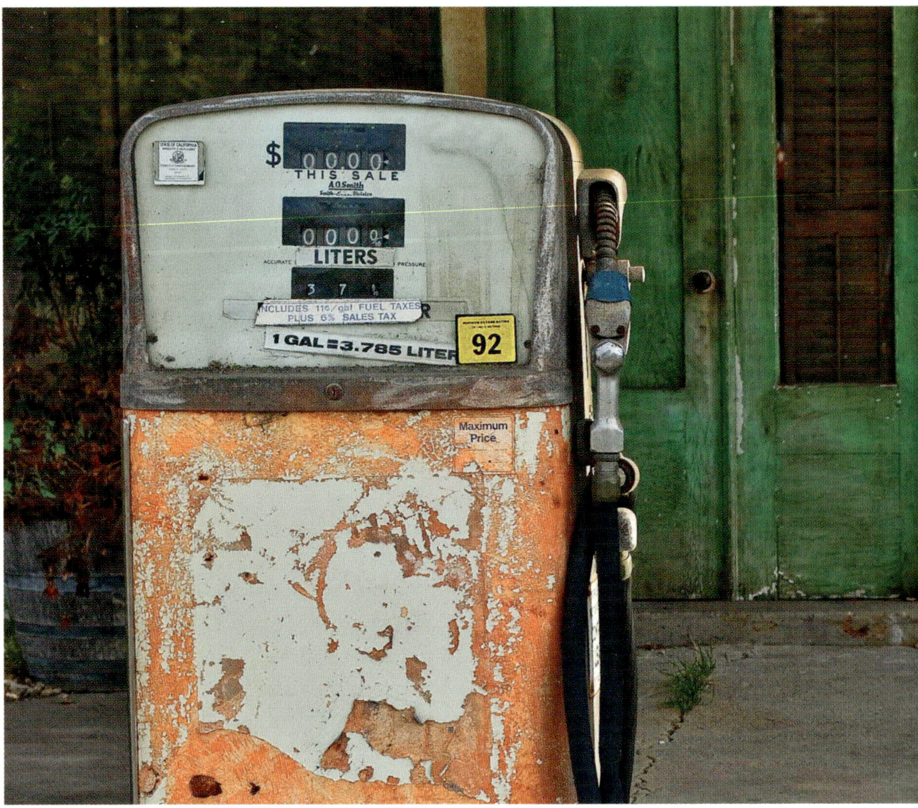

mit eigenem Gehäuse und eigener Stromversorgung, weil sie zusätzlichen Schutz vor Blitzeinschlag bietet. Man sollte es sich deshalb zur Gewohnheit machen, die jeweils neuesten Bilder auch auf die externe Festplatte zu speichern.

Als Ergänzung kann man seine Bilder auch auf Servern im Internet abspeichern. Beispiele für solche Dienste sind Dropbox (www.dropbox.com für Windows, Mac OS X, Linux und die meisten Handys), MobileMe (www.me.com, für OS X, iPhone und iPad) oder UbuntuOne (one.ubuntu.com, für verschiedene Handytypen, Ubuntu Linux und Windows). Dies ist eine einfache Methode, seine Bilder zusätzlich zu sichern und zwischen verschiedenen Computern zu synchronisieren. Außerdem können Sie von verschiedenen Handys oder Netzplatten auf die Bilder zugreifen, um Sie Ihren Freunden zu zeigen. Allerdings sind diese Dienste nicht kostenlos, und es ist eine Monats- oder Jahresgebühr zu zahlen, die vom Speicherplatz, den Sie für Ihre Bilder benötigen, abhängt.

Sichern Sie Ihre Bilder regelmäßig. Sie können z. B. eine automatische Speicherung auf der Festplatte Ihres Computers oder auf dem Server im Internet wählen oder Ihre neuen Bilder regelmäßig auf DVD brennen.

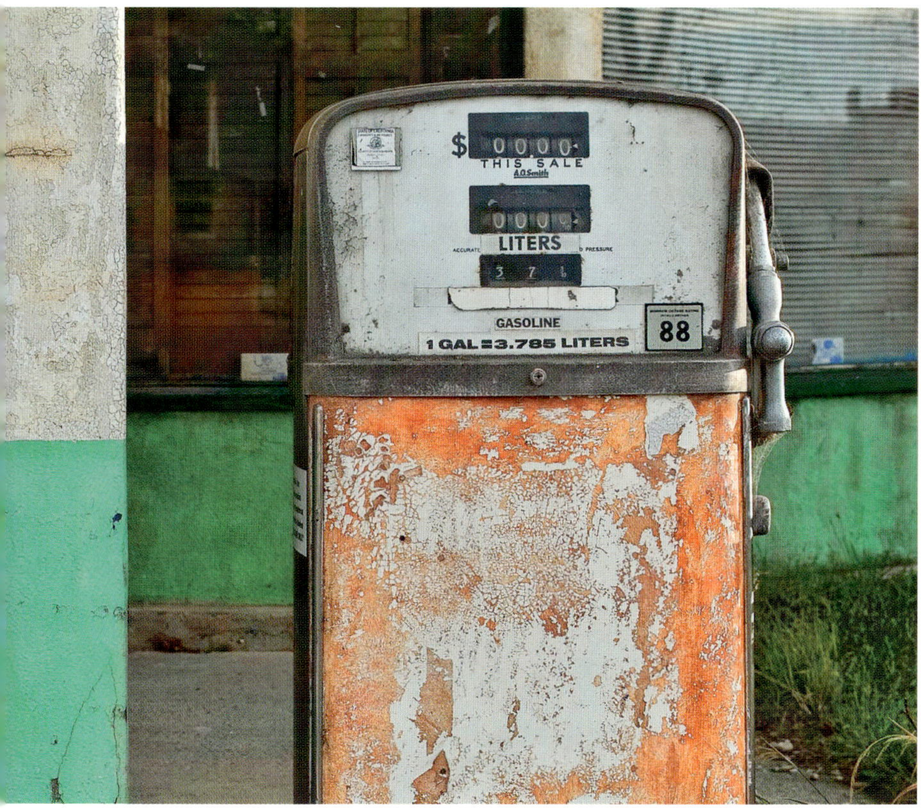

BILD GERHARD ROSSBACH

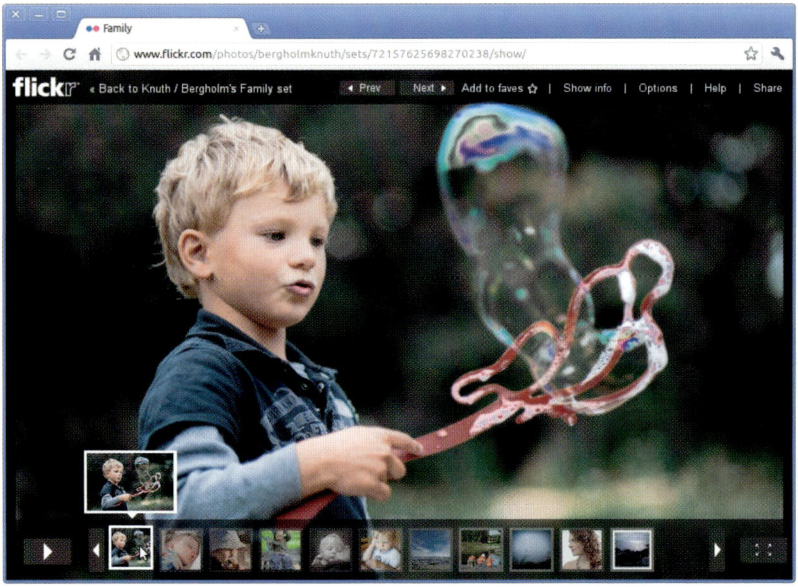

Es gibt eine Reihe von Webseiten, auf denen man seine Bilder für die Öffentlichkeit ausstellen kann.

71 Bilder im Internet ausstellen

Die meisten Hobbyfotografen machen von ihren besten Bildern Papierabzüge, um sie der Familie oder dem Freundeskreis zu zeigen. Eine viel billigere Alternative ist es, die Fotos in einer Bildergalerie im Internet auszustellen und dann die Adresse an seine persönlichen Kontakte per E-Mail zu verschicken. Es gibt eine Reihe guter Fotoseiten im Netz, sowohl deutschsprachige als auch englische. Einige davon haben eingebaute Funktionen zur Erstellung von Papierabzügen. Hier einige Beispiele:

Flickr (www.flickr.com). Die größte Bildseite im englischsprachigen Raum verfügt über gute Diskussions- und Kommentarfunktionen. Die Stimmung dort ist gut und die Nutzer befruchten einander. Außerdem gibt die Seite die Möglichkeit, gleichgesinnte und fotointeressierte Freunde im Ausland kennenzulernen.

Facebook (www.facebook.com). Das größte soziale Netzwerk im Internet hat viele Funktionen zum Herunterladen und Veröffentlichen von Bildern. Schauen Sie sich aber sicherheitshalber zunächst die Nutzungsbedingungen von Facebook genau an. Das Unternehmen behält sich das Recht vor, Ihre Bilder selbst frei nutzen zu dürfen, ohne dafür eine Gebühr zu entrichten.

Folgende deutsche Webportale bieten Fotografen die Möglichkeit, ihre Bilder zu präsentieren und sich mit anderen auszutauschen: Yourpict.de (www.yourpict.de), Fotocommunity.de (www.fotocommunity.de) und Fototalk.de (www.fototalk.de).

BILD KNUTH BERGHOLM

Nachwort

Auch wenn Sie es noch gar nicht wissen, so haben Sie doch bereits Ihren eigenen Stil, Bilder zu sehen und zu machen. Indem Sie viel fotografieren, werden Sie sich dessen bewusster werden.

Wer regelmäßig eine bestimmte Tageszeitung liest, hat vielleicht bereits gelernt, die verschiedenen Stile unterschiedlicher Fotografen zu unterscheiden. Vielleicht können Sie sogar den Namen eines Fotografen erraten, ohne auf den Bildnachweis zu schauen? Es ist schon beeindruckend, wie professionelle Fotografen trotz ständig wechselnder Aufträge immer ihren eigenen persönlichen Stil finden. Der eine hat vielleicht extrem durchkomponierte Fotos mit schrägem Horizont zu seinem Markenzeichen gemacht, ein anderer hat sich darauf spezialisiert, stets mit lichtstarkem Objektiv und ohne Blitz zu fotografieren. Der Nächste verwendet stets ein Weitwinkelobjektiv und arbeitet bewusst damit, die Kontraste in den Bildern am Computer zu verstärken. Nehmen Sie sich diese Vollblutfotografen zum Vorbild und machen Sie sich auf die Suche nach Ihrer eigenen Bildsprache. Was mögen Sie? Welche Motive interessieren Sie? Mit welcher Ausrüstung kommen Sie gut zurecht?

Hier noch ein paar Tipps für die Suche nach der eigenen Bildsprache:

Blättern Sie ab und zu in diesem Buch und testen Sie einen Tipp nach dem anderen (zum Beispiel, indem Sie einen Tag lang nur Details knipsen und an einem anderen Tag nur Menschen).

Sprechen Sie mit anderen über Ihre Bilder. Wenden Sie sich an eine ehrliche Person, der Sie vertrauen, oder wenden Sie sich an eine seriöse Fotogemeinde im Internet. Akzeptieren Sie, dass möglicherweise Ihre Lieblingsbilder kritisiert und andere Bilder gelobt werden, die Sie selbst nicht mögen. Durch die Diskussion mit anderen erhalten Sie neue Einsichten und werden gezwungen, Stellung zu nehmen.

Schauen Sie sich viele Bilder an – in Tageszeitungen, Fotomagazinen oder Anzeigen. Gehen Sie zu Fotoausstellungen.

Arbeiten Sie aktiv mit Ihren Bildern am Computer, dabei lernen Sie bewusst zu unterscheiden, was funktioniert und was nicht. Sie werden sowohl völlig ungeplante Glückstreffer als auch totale Reinfälle trotz langer und sorgfältiger Planung erleben.

Nehmen Sie Ihre Kamera so oft wie möglich mit und machen Sie viele Fotos.

Indem Sie sich bewusst werden, was und wie Sie fotografieren, entwickeln Sie sich zu einem Fotografen mit sicherem Auge für gute Bilder – schneller als Sie ahnen. Viel Erfolg!

Bildrechte

Knuth Bergholm 17, 57, 86, 124
Szabolcs J. Csörge 18, 19, 44
Lars Dareberg 92, 94
Robert Eliasson 95
Camilla Eriksson 118
Tobias Hagberg 10, 11, 12, 38, 41, 46, 52, 62, 64, 77, 91, 103, 104, 106, 108, 112, 120
Hasse Holmberg 35, 66
Martina Holmberg 27, 80, 96, 98
Jesper Linse 73
Hans Nydahl 20, 25
Elin Rantakrans 7, 9, 22, 31, 32, 34, 36, 48, 49, 56, 60, 63, 65, 68, 69, 72, 82, 83, 85, 100, 101, 102
Sebastian Romert 53, 74, 78, 97
Gerhard Rossbach 2, 13, 30, 42, 50, 54, 58, 114, 122
Marie Rytkölä 14, 24, 26, 37, 39, 70, 119, 121
Per Stymne 28, 117
Elin Torger 88, 89

Stichwortregister